Reiki angelical para la abundancia

Otros títulos de la biblioteca
Teresa Salazar

Siete rayos de luz

Diccionario angelical de sueños

Reiki angelical para el amor

Reiki angelical en casa

Teresa Salazar

Reiki angelical para la abundancia

Obra editada en colaboración con Editorial Planeta – Colombia

Bajo el sello editorial BOOKET M.R.
Avenida Presidente Masarik núm. 111,
Piso 2, Polanco V Sección, Miguel Hidalgo
C.P. 11560, Ciudad de México
www.planetadelibros.com.mx

Fotografía de la autora: © Daniel Reina

Primera edición impresa en Colombia: octubre de 2018
Primera edición impresa en Colombia en esta presentación: febrero de 2022
ISBN: 978-628-00-0010-7

Primera edición impresa en México en Booket: abril de 2022
ISBN: 978-607-07-8590-0

Impreso en los talleres de Impregráfica Digital, S.A. de C.V.
Av. Coyoacán 100-D, Valle Norte, Benito Juárez
Ciudad De Mexico, C.P. 03103
Impreso en México –*Printed in Mexico*

Biografía

Teresa Salazar es canalizadora de mensajes de ángeles desde hace más de 20 años. Iniciada en kriya yoga por el Swami Atmavidyananda Giri y terapeuta certificada de reiki. Es pionera y creadora de la técnica de reiki angelical, la cual combina el poder sanador del reiki tradicional con la intervención de los siete arcángeles, la cual canalizó a través de una meditación con el arcángel Rafael. Cuenta con todos los niveles de método PHI (Potencial Humano Integral) y Método Silva. Ha participado en los talleres de angeología de Gloria Restrepo y en la terapia de Sanación del Niño Interior de Valeriano Tobón. Es coach de meditación trascendental, autora de cinco libros y ha certificado a alrededor de mil personas en la técnica de reiki angelical.

Redes sociales
Instagram: @ConectateAngeles y @Jappymind
Facebook y YouTube: Teresa Salazar Conéctate con los Ángeles

Querido lector y querida lectora,
cada palabra consignada en este libro es para ti.
Deseo con profundo amor que recibas la sutil
y amorosa energía del reiki angelical, y que
la abundancia y el éxito se apoderen
amorosamente de tu vida.

ÍNDICE

INTRODUCCIÓN

Un camino hacia la abundancia

Empecemos por aclarar lo básico: la abundancia te pertenece, como le pertenece a todos los seres de este plano terrenal. Las riquezas del Universo no están reservadas para un grupo selecto de personas con buena suerte y tampoco son un regalo exclusivo al que solo unos pocos pueden acceder. Es un derecho divino que todos tenemos por el simple hecho de estar vivos y nuestra tarea consiste en remover los velos que nos impiden entenderlo y nos mantienen en la escasez mental, espiritual y material.

Buda dijo: "La mente es todo. Te conviertes en lo que crees". Y así es. Tú tienes el poder de crear y materializar lo que desees. Ese es un don entregado por Dios, fuente de amor, para que lo utilices en tu beneficio. Tú eres el (la) constructor(a) de cualquier realidad que elijas y, por tanto, nadie —sea tu padre, tu madre, un mago, un chamán, un sacerdote o un médico— te puede sentenciar a una vida de abundancia o de carencia. Eso jamás existió ni existirá, pues desde el instante de tu nacimiento se te entregó el libre albedrío para que hagas con tu vida lo que desees, y solo tú puedes decidir si vivir una vida plena, exitosa y abundante o una vida de carencia y falta de merecimiento.

Ahora bien, cuando decimos "abundancia" con frecuencia pensamos únicamente en el aspecto económico. Creemos que las personas prósperas son aquellas que poseen riqueza material, olvidando que la abundancia abarca todos los aspectos de nuestra vida: el dinero, sí, pero también la salud, las relaciones, el trabajo y nuestro universo emocional. La abundancia es, pues, un estado vibracional de amor en el que tu mente y tu palabra se sintonizan para materializar lo que anhelas en todos los planos de tu vida.

Por eso, *Reiki angelical para la abundancia* es una guía de autoterapia que te ayudará a sanar y a crear abundancia en todos los aspectos de tu vida con la magia del reiki angelical, una técnica que ya he compartido en mis libros *Reiki angelical en casa* (Editorial Planeta) y *Reiki angelical para el amor* (Editorial Planeta) y que continuarás aprendiendo en estas páginas.

A través de estas líneas, Dios te envía a sus mensajeros para que intervengan en tu vida y te apoyen de forma inmediata en todo lo que deseas con la ayuda del reiki angelical, que te conecta nuevamente con tu poder creador. En tus manos tienes una poderosa herramienta que cambiará tu vida y permitirá que llegue a ti el merecimiento que requieres para crear una vida de abundancia y éxito. Aquí tendrás la iniciación a la técnica del reiki angelical, aprenderás a equilibrar y alinear tus chakras (centros energéticos), recibirás meditaciones guiadas y tendrás acceso a decretos, rituales y oraciones que, de forma fácil y didáctica, te permitirán integrar esta práctica a tu vida y recibir todos sus beneficios.

Estas páginas son entonces una guía que te ayudará a recordar que eres tú quien elige cómo vivir y qué tan próspero(a) y exitoso(a) quieres ser. Aprenderás a dejar de sufrir y a hacer a un lado la ansiedad, la angustia y el miedo, estados que solo te alejan energéticamente de la abundancia que anhelas. Sentirás que tu energía se eleva a la vibración del amor y la gratitud, y cuando estés allí, verás cómo la abundancia se apodera de tu vida.

Te invito a que camines conmigo y con tu corazón dispuesto para que abras la puerta a la abundancia y el éxito, y empieces a recibir las infinitas oportunidades que Dios quiere entregarte. Él y los arcángeles quieren que te beneficies de la amorosa energía del reiki angelical. Ellos te trajeron hasta aquí, ahora deja que sean ellos quienes guíen tu lectura y despejen tu camino hacia la abundancia ilimitada que el Universo tiene reservada para ti.

Lo que encontrarás en este libro

De manera sencilla y práctica, este libro pone a tu disposición el conocimiento de técnicas milenarias que te transformarán como ya lo han hecho con tantas personas. En estas páginas encontrarás autoterapias, meditaciones dirigidas y ejercicios para eliminar bloqueos energéticos, sanar memorias de escasez, atraer el trabajo perfecto y emprender un negocio exitoso, entre muchas otras cosas. Aprenderás a utilizar la energía de amor de los ángeles y a combinarla con los poderosos símbolos de reiki impresos en las cartas, para poner en orden tu energía y sintonizarte con la frecuencia de la abundancia. Obtendrás tu propia iniciación en la técnica de reiki angelical y tendrás acceso a una guía que te permitirá descubrir tu poder sanador. Además, encontrarás una última sección con rituales de prosperidad, un acuerdo de abundancia que firmarás con los ángeles, instrucciones para programar tu amuleto personal de riqueza y una poderosa oración para despejar tu ruta hacia la prosperidad.

En tus manos tienes una maravillosa herramienta para cambiar tu vida y llenarla de abundancia. Recuerda que tienes libre albedrío y que solo tú puedes decidir si quieres dar este paso y abrirte a recibir la magia y los milagros que puede traer a tu vida el reiki angelical. Si así lo decides y estás listo(a), te invito a recorrer este hermoso camino. Acompáñame en este viaje y descubre lo fácil que es sanar tu vida con tus propias manos.

Un abrazo de luz y ¡feliz camino!

PRIMERA PARTE

Iniciación

NOTA: Si leíste mis libros *Reiki angelical en casa* (Editorial Planeta) y *Reiki angelical para el amor* (Editorial Planeta), seguramente estarás familiarizado(a) con la información que presento en esta primera parte. En ese caso, puedes seguir la lectura normalmente y repasar algunos conceptos o ir directamente a la segunda parte del texto (página 45). Pide ayuda a tus ángeles y decide amorosamente lo que sea mejor para ti.

CAPÍTULO I

LOS TRES PILARES DEL REIKI ANGELICAL

La técnica del reiki angelical combina el poder de los símbolos del reiki con la energía sutil de los ángeles. Para ello se vale también del conocimiento de los cuerpos físico, energético y espiritual, los cuales busca equilibrar a través del trabajo con los chakras. Estos últimos, junto con los símbolos del reiki y los ángeles, son los tres pilares que componen la práctica del reiki angelical. Veamos un poco sobre ellos.

LOS SÍMBOLOS DEL REIKI*

Los símbolos del reiki son originarios de Japón, Tíbet e India. Pasaron siglos antes de que Mikao Usui los recibiera en

---

* La palabra "reiki" ("rei", energía vital, proveniente de lo divino, y "ki", energía vital que circula dentro de los seres vivos) proviene del japonés y significa "energía universal en unión con energía vital". Esta técnica canaliza la energía divina y la transmite a diferentes puntos del cuerpo a través de la imposición de las manos y de la visualización y repetición de los cinco símbolos que te serán entregados en este libro. Su filosofía se basa en cinco principios: 1) Solo por hoy no te enojes; 2) Solo por hoy no te preocupes; 3) Solo por hoy sé agradecido(a); 4) Solo por hoy trabaja de forma honrada, y 5) Solo por hoy sé amable con los demás.

meditación para enseñar la técnica, solo que quienes antes conocían esta información la mantenían secreta, reservada exclusivamente para grupos selectos.

Cho Ku Rei [cho-ku-lei]

Significado: "Fuerza y poder"
Funciones:

» Abrir los canales de energía y potencializarla.
» Acortar el tiempo de solución de un problema determinado.
» Limpiar e intensificar la energía de los ambientes, personas y objetos.
» Liberarnos del miedo.
» Potencializar los tratamientos médicos.
» Cargar de energía positiva objetos o alimentos.

Sei Hei Ki [sei-je-ki]

Significado: "Luz infinita"
Funciones:

» Liberar los bloqueos emocionales y físicos.
» Curar enfermedades a nivel físico, mental y espiritual.
» Sanar adicciones.
» Limpiar de energías pasadas objetos, cristales y espacios.
» Liberar de objetos y espacios cualquier bloqueo o carga energética que traigan de antiguos dueños.

Hon Sha Ze Sho Nen [jon-shaze-sho-nen]

Significado: "No existen límites para sanar en el tiempo y el espacio"
Funciones:

» Abrir el mundo invisible para sanar el pasado, el presente y el miedo al futuro.
» Limpiar traumas del pasado, como situaciones dolorosas en la niñez.
» Sellar lo que imaginamos para nuestro futuro.
» Recordarnos que podemos acceder al Universo sin límite alguno.

Dai Ko Myo [daiko-mio]

Significado: "Conexión con el amor divino"
Funciones:

» Ayudarnos a conectar con el corazón.
» Recordarnos que cuando le ponemos amor a una situación, esta resulta de la mejor manera.
» Sanar situaciones relacionadas con el amor, la autoestima, el amor por la familia, el amor por el prójimo y el amor por la pareja.

Raku [raku]

Significado: "La iluminación"
Funciones:

» Despertar la conciencia divina, conectándonos con el cielo y la tierra y permitiendo que la energía fluya dentro de nosotros.
» Permitir que la energía fluya a través de nosotros y potencializar nuestras manos para la autoterapia.

Los arcángeles

Cuando un aspecto de nuestra vida se encuentra mal, provoca el mal funcionamiento del chakra correspondiente a esa situación, de modo que todo lo referente a ese punto energético se desordena o se bloquea, lo que agrava la situación. Los sentimientos de baja vibración —como la tristeza, la rabia, la negatividad, la ira o la depresión— reemplazan los campos energéticos positivos, lo que causa muchas veces afectaciones a la salud física y les da paso a enfermedades del cuerpo y del alma. El reiki angelical limpia y actúa de manera amorosa y perfecta para aliviar todos los puntos energéticos, armonizándolos y llenándolos de paz y tranquilidad. Esto nos libera del dolor, nos ayuda a curar las cicatrices emocionales del pasado, nos permite sanar el presente e, incluso, programar el futuro.

Arcángel Uriel

Significado: “Fuego de Dios”
Chakra: Raíz
Color: Rojo rubí
Funciones:

- » Es el arcángel de la información, las ideas y las epifanías.
- » Intercede para que haya abundancia económica, se mantenga el sentido del humor y haya estabilidad laboral.
- » Elimina los bloqueos que impiden la abundancia y la prosperidad.
- » Da impulso para perderle el miedo a la vida. Es el patrón de los que buscan eliminar la ignorancia.

- Protege a maestros, líderes espirituales, sacerdotes, filósofos, rabinos, gurús, ministros y a todos los que aman la sabiduría espiritual.

Arcángel Chamuel

Significado: "El que ve a Dios" o "El que busca a Dios"
Chakra: Sexual
Color: Naranja
Funciones:

- Es el arcángel del amor incondicional y divino.
- Intercede para despertar el amor por nosotros mismos, por la humanidad, por la familia y por la pareja.
- Elimina la negatividad del corazón y nos ayuda a sanarlo.

Arcángel Jofiel

Significado: "La sabiduría divina"
Chakra: Plexo solar
Color: Amarillo
Funciones:

- Es el arcángel de la sabiduría suprema.
- Nos permite despertar nuestro guía interior, nuestra inspiración y nuestra creatividad.
- Muestra la solución inteligente y tranquila de situaciones en conflicto.
- Ayuda a encontrar la claridad mental, la luz interior y la alegría.
- Ofrece la inspiración para crear negocios y la capacidad para cumplir proyectos, encontrar nuestro propósito y descubrir nuestro conocimiento supremo.

Arcángel Rafael

Significado: "Curación de Dios" (aquí, "curación" no solo se refiere a la salud del cuerpo, sino también a la del alma).

Chakra: Corazón

Color: Verde

Funciones:

» Es el sanador divino.

» Tiene el poder de la curación a todo nivel: físico, mental, espiritual.

» Por ser el arcángel que otorga a los seres humanos la energía sanadora de Dios, nos da el don de la transformación y ofrece el remedio perfecto para los dolores del cuerpo y del alma.

» Se le invoca siempre antes de empezar la autoterapia.

» Es el patrón de los hospitales y los enfermos, e intercede para que cuidemos el cuerpo físico y emocional con gran amor y atención.

» Es también gran protector de ciegos, médicos, enfermeras y viajeros. Nos asiste para eliminar adicciones como el cigarrillo, el alcohol y la glotonería.

» Nos ayuda a mantenernos libres de cualquier enfermedad a nivel físico, mental y espiritual.

Arcángel Miguel

Significado: "Quién como Dios"

Chakra: Garganta

Color: Azul

Funciones:

» Es el arcángel protector. Nos cuida física, emocional, mental y psíquicamente.

- Nos ayuda a tener justicia, valor, fuerza e integridad. Nos protege en caso de agresión o peligro.
- Nos hace invisibles e invencibles ante cualquier energía que no provenga de Dios, liberándonos de vibraciones negativas y de cualquier daño o pensamiento contra nuestra integridad mental, física o energética.

Arcángel Gabriel

Significado: "Dios es mi fortaleza", "La fuerza de Dios" u "Hombre de Dios"
Chakra: Entrecejo
Color: Blanco
Funciones:

- Es el anunciador de todo lo nuevo en nuestra vida.
- Fortalece la visión, nos inspira en todos los planos artísticos, purifica espacios, protege a las familias para que se mantengan unidas y ayuda a guiar a las personas hacia los empleos donde pueden desarrollar sus talentos.
- Otorga el don de la palabra, elimina de la mente pensamientos negativos y cuida a las mujeres en el embarazo y en el parto.

Arcángel Zadquiel

Significado: "Justicia divina"
Chakra: Coronilla
Color: Violeta
Funciones:

- Es el arcángel de la libertad, la misericordia y el perdón.

- » Ayuda a liberar y a transformar cualquier pensamiento o sentimiento negativo hacia los demás y hacia nosotros mismos.
- » Convierte lo negativo en positivo.
- » Nos incita a la rectitud, la pureza, la aceptación, la misericordia, la tolerancia y la alegría de vivir.
- » Transmuta en amor perfecto los sentimientos de baja vibración, como el odio, la amargura, el resentimiento, la ira, el egoísmo y la envidia.

Los chakras

Para sanar con reiki angelical es indispensable entender cómo funciona el campo energético, pues no solo somos cuerpos físicos; también tenemos un cuerpo mental y otro espiritual, los cuales se manifiestan en nuestro cuerpo físico a través de los chakras ("ruedas energéticas"). Estos son campos sutiles que se encuentran a lo largo de nuestra columna vertebral. Cada uno vibra en una frecuencia y un color específicos. Son como válvulas que regulan y manejan nuestra energía vital y equilibran nuestros cuerpos físico, mental y energético.

En el reiki angelical trabajamos con los siete chakras principales: *coronilla* (conexión con Dios), *entrecejo* (intuición), *garganta* (comunicación), *corazón* (amor, sanación), *plexo solar* (fuerza interior), *sexual* (creatividad) y *raíz* (conexión con lo material). Además, trabajamos con un arcángel por cada chakra. Dependiendo de la situación que se quiera sanar, debe invocarse el arcángel respectivo, junto con san Rafael, quien siempre debe estar presente. Al poner las manos en el chakra que queremos sanar, y tras pedir ayuda a los arcángeles correspondientes, fluye un torrente de energía pura y revitalizadora que sana a nivel físico, mental y emocional.

El siguiente dibujo muestra la ubicación de cada chakra, su arcángel y color correspondiente. Te recomiendo que lo memorices, pues trabajarás con él a lo largo de todo el libro.

Gráfico: Los chakras, sus arcángeles y colores

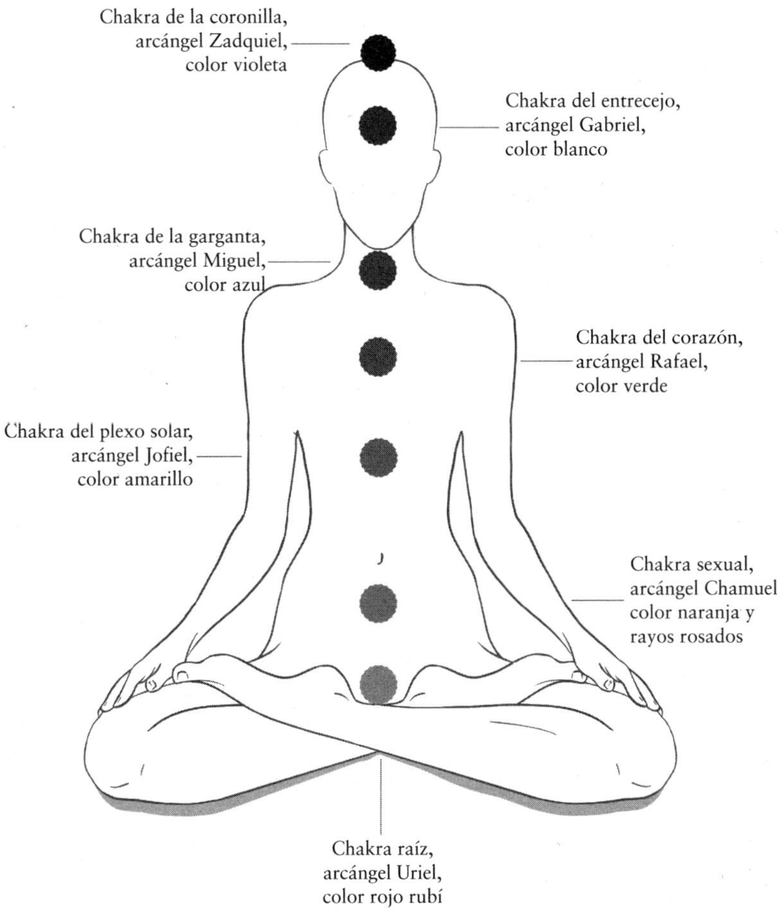

CAPÍTULO II

Preparación para iniciar el camino del reiki angelical

Activa tus cartas

Si los símbolos del reiki se activan con solo dibujarlos, pintarlos o visualizarlos, imagina el poder que pueden tener cuando le sumas la energía sutil de los ángeles. ¡Eso es exactamente lo que haremos aquí! Las cartas que acompañan este libro están diseñadas para reforzar el poder de los símbolos y facilitarte su utilización. Solo tienes que seguir las sugerencias de uso que encontrarás en los ejercicios y meditaciones de estas páginas.

Antes de comenzar a trabajar con las cartas, es indispensable que las cargues con tu energía. Esto puedes hacerlo así:

- » Toma la primera carta y llévala a tu corazón.
- » Cierra los ojos e imagina una luz verde que sale de tu pecho y envuelve la carta, transmitiéndole tu más pura esencia.
- » Abre tus ojos, mira el símbolo de la carta, repite su nombre en voz alta tres veces y siéntete rodeado(a) por la energía perfecta del reiki angelical.
- » Repite este proceso con las cartas restantes.

Es importante que sepas que estas cartas son de uso personal y solo tú debes utilizarlas, pues estarán programadas única y exclusivamente para trabajar con tu energía. En lo posible, procura que no las manipule nadie más.

Equilíbrate física, mental y energéticamente

El paso más importante para iniciarte en el camino del reiki angelical es el paso de la iniciación. Para realizarlo, debes prepararte física, mental y espiritualmente. Los siguientes ejercicios te ayudarán a hacerlo. Debes realizarlos todos en el tiempo que consideres y con profunda intención de amor. Al terminar, debes poner las manos en tu corazón y a conciencia decidir si estás preparado(a) para iniciarte en este mundo mágico del reiki angelical.

Autoexamen energético

Este ejercicio te pone en contacto con tu energía divina y te permite saber qué áreas de tu vida debes sanar. Si esta es la primera vez que vas a experimentar con tus chakras, no te preocupes si sientes más energía en uno que en otro, o si ves los colores en unos y en otros no. Pase lo que pase durante este primer ejercicio, simplemente relájate y repítelo las veces que necesites. Recuerda que hasta ahora estás despertando tus sentidos sutiles y que tu capacidad de conectar con tus chakras mejorará progresivamente con la práctica.

» Siéntate en un sitio tranquilo. Concéntrate en tu respiración y siente el latido de tu corazón. Inhala y exhala, llenando tu abdomen por un minuto. Cierra tus ojos.

» Visualiza tu chakra de la coronilla como una esfera brillante de luz violeta que gira en el sentido de las manecillas del reloj. Di mentalmente: "En perfecto orden y en perfecta luz".

- Repite el paso anterior con los demás chakras, imaginándolos como una esfera brillante del color que corresponda a cada uno (mira el gráfico de la página 31).
- Cuando termines de hacer el ejercicio con el chakra de la raíz, haz una respiración profunda y agradece desde el corazón.
- Abre tus ojos. Toma una hoja y anota la respuesta a estas preguntas: ¿Tuve dificultad en ver o en darle brillo a alguno de los colores? ¿A cuál? ¿A qué chakra corresponde? ¿Tuve dificultad en ver alguno de mis chakras girando en el sentido de las manecillas del reloj? ¿Cuál? ¿A qué chakra corresponde?
- Si hubo algún color que no viste o no lograste imaginar girando en perfecto orden y en perfecto brillo, cierra nuevamente tus ojos, concéntrate en tu respiración y llama al arcángel que trabaja ese chakra (ten presente también el color con el que trabaja): "Arcángel ___________: desde mi corazón te pido enviar tu luz color ____________ a mi chakra de ____________, dejándolo en perfecto movimiento y en perfecta luz para mi bien y el bien de los demás. Gracias, gracias, gracias". Asegúrate de que todos los chakras queden en perfecto orden y en perfecto movimiento.
- Si no te costó trabajo visualizar ninguno de tus chakras en perfecto color y movimiento, solo debes decir al terminar el ejercicio: "Gracias, gracias, gracias". (Cuando agradeces tres veces seguidas con amor la misma situación, Dios, el Universo y sus ángeles saben que tu agradecimiento es de corazón.)

Familiarízate con tus chakras

Ejercicio #1

» Siéntate en un lugar cómodo. Concéntrate en tu respiración. Siente el latido de tu corazón.

» Frota tus manos una contra otra. Luego, júntalas en forma cóncava frente a tu cuerpo.

» Guiándote por el dibujo de la página 31, pon tus manos en el chakra de la raíz y déjalas allí unos segundos, respirando suavemente y sintiendo su energía. Percibe si sientes calor o si hay cosquilleo.

» Repite el proceso chakra por chakra, hasta llegar a la coronilla.

» Registra tu experiencia en una hoja de papel, si lo deseas.

» Repite este ejercicio varias veces durante los días siguientes, hasta que tengas claro dónde se encuentra cada chakra.

Ejercicio #2

» Siéntate cómodamente. Concéntrate en tu respiración. Con los ojos cerrados, visualiza cada uno de tus chakras, con su color correspondiente.

» Mentalmente, dale brillo a cada color. Esto permitirá que te familiarices con tus chakras y puedas trabajar a la perfección con la energía de cada uno de ellos en tu cuerpo físico, mental y espiritual.

Meditación para alinear tus chakras

» Cierra tus ojos. Toma varias respiraciones profundas, inhalando luz blanca y exhalando tensiones.

» Siente que cada parte de tu cuerpo se derrite como mantequilla. Empieza por tu cabeza y ve descendiendo por tus hombros, brazos, pecho, abdomen, pelvis, piernas, rodillas, pantorrillas y pies. Lleva tu atención a cada parte del cuerpo y relájate.

» Imagina que estás frente al mar. Siente su sonido y visualízate caminando en la orilla y sintiendo el agua en tus pies.
» Visualiza que te encuentras frente a ese hermoso mar y que de tu espalda salen hermosas alas que te dan la facultad de volar. Imagina que vuelas sobre montañas hasta llegar a un hermoso arcoíris.
» Párate en el color rojo e inhala su luz, llevándola al chakra de la raíz. Siente que tu chakra se llena de color rojo. Inhala luz roja y exhala tensiones.
» Párate en el color naranja e inhala su luz, llevándola al chakra sexual. Siente que tu chakra se llena de color naranja. Inhala luz naranja y exhala tensiones.
» Párate en el color amarillo e inhala su luz, llevándola al chakra del plexo solar. Siente que tu chakra se llena de color amarillo. Inhala luz amarilla y exhala tensiones.
» Párate en el color azul e inhala su luz, llevándola al chakra de la garganta. Siente que tu chakra se llena de color azul. Inhala luz azul y exhala tensiones.
» Párate en el color verde e inhala su luz, llevándola al chakra del corazón. Siente que tu chakra se llena de color verde. Inhala luz verde y exhala tensiones.
» Párate en el color blanco e inhala su luz, llevándola al chakra del entrecejo. Siente que tu chakra se llena de color blanco. Inhala luz blanca y exhala tensiones.
» Párate en el color violeta e inhala su luz, llevándola al chakra de la coronilla. Siente que tu chakra se llena de color violeta. Inhala luz violeta y exhala tensiones.
» Visualiza que vuelas de nuevo, pasando por hermosas montañas, hasta llegar a la playa. Siente el agua en tus

pies y camina sobre la arena tibia, concentrándote en tu respiración.

» Recorre tu cuerpo mentalmente desde tus pies, subiendo por tus piernas, pelvis, abdomen, pecho, cuello, brazos, cabeza y columna vertebral.
» Abre tus ojos. Inhala y exhala tres veces.

Meditación del perdón

No existe mejor medicina para el alma y para el cuerpo que el perdón. Perdonar o perdonarnos nos libera de sentimientos negativos que dañan nuestra vida. Es un regalo que nos hacemos a nosotros mismos. Los sentimientos de baja vibración que guardamos por circunstancias del pasado solo nos detienen y nos paralizan. Para introducirte en el mundo del reiki angelical, es necesario que te liberes de esas emociones que te pesan y te enferman física, mental y espiritualmente. Esta meditación te ayudará a hacerlo.

» Cierra tus ojos. Haz varias respiraciones profundas y pon tus manos en el corazón.
» Visualiza que el arcángel Rafael está a tu lado, acompañándote en este proceso de perdón.
» Inhala luz verde y siente que tu corazón se invade de esta luz. Exhala sentimientos de dolor.
» Inhala luz verde y siente que tu corazón se invade de luz. Exhala sentimientos de culpa.
» Inhala luz verde y siente que tu corazón se invade de luz. Exhala sentimientos de resentimiento.
» Continúa inhalando luz verde y exhalando cualquier sentimiento de dolor, culpa, vergüenza, depresión, rechazo, etc.

» Cuando termines de eliminar cargas, imagínate envuelto(a) en una espiral de luz verde que gira desde tu cabeza hasta tus pies.
» Permite que el arcángel Rafael limpie con esa espiral de luz verde tus cuerpos físico, mental y espiritual.
» Di desde el corazón: "Hoy perdono y me perdono por cualquier situación que en el pasado o presente hiciera daño a mi corazón. Invoco la luz morada de Zadquiel para que transmute mi dolor en alegría y agradezco a Rafael por abrir de nuevo mi corazón a la confianza. Así sea".
» Con las manos en tu corazón, di: "Gracias, gracias, gracias".
» Toma una hoja y anota tu experiencia, si lo deseas.

Antes de cada sesión

Realizar la autoterapia del reiki angelical es mucho más sencillo de lo que te imaginas. Realmente lo único que tienes que hacer para encender esta luz en tu vida y beneficiarte profundamente de esta terapia es tener la voluntad de encontrarte contigo mismo(a), pedir a los ángeles su intermediación y aceptar la presencia de estos seres de amor en tu vida. Sin embargo, existen algunas pautas que te sugiero tener en cuenta antes de cada sesión:

» Escoge un lugar en tu casa para la autoterapia. Embellécelo pensando en ti y en el trabajo que harás con tus ángeles. Si así lo quieres, puedes armar un altar, decorarlo, encender un incienso o poner flores. Asegúrate de que sea un espacio donde sientas tranquilidad.
» Familiarízate con los ejercicios prácticos, las meditaciones, los símbolos, sus cartas, los ángeles y la función

que cumplen en cada una de las situaciones. Antes de empezar cada autoterapia, revisa el capítulo que se refiere a la circunstancia o situación que quieras sanar o cambiar.

» Invoca al arcángel Rafael y pídele desde el corazón que interceda en tu proceso de sanación.
» Invita a los seres angelicales correspondientes a la situación que quieras sanar.
» Asegúrate de usar la(s) carta(s) que corresponda(n) a la situación concreta que vas a trabajar.
» Entrégale a los ángeles el proceso de sanación y confía en que ellos te darán lo que más necesitas para tu bienestar y evolución.

CAPÍTULO III

Iniciación al camino del reiki angelical

A través de la siguiente iniciación, los arcángeles te entregan el poder para que tú te conviertas en tu propio(a) terapeuta de reiki angelical. Con la guía de estos seres de luz, el poder de tus manos y las cartas con símbolos que acompañan este libro, transformarás tu energía de formas maravillosas. Prepárate para recibir esta bella iniciación, abre el corazón y, desde ya, empieza a sanar todas las áreas de tu vida.

Meditación

Símbolo: Raku
Arcángel: Rafael, con ayuda de los demás arcángeles

» Siéntate cómodamente y relájate. Inhala luz blanca y exhala tensiones las veces que necesites. Concéntrate en el latido de tu corazón.
» Toma la carta Raku en tus manos y llévalas sobre tu corazón.
» Visualiza al arcángel Rafael poniendo sus manos sobre las tuyas y con amor pide a Dios, a la fuente divina, al Universo y a los ángeles que abran el canal de inicio

para tu autoterapia. Di desde tu corazón: "Es mi intención de amor incondicional recibir la energía pura y vital del reiki angelical para sanarme a nivel físico, mental y espiritual. Deseo curar todos los aspectos de mi vida para mi bien y el de toda la humanidad. Que así sea".

» Alista la carta Raku.
» Visualiza al arcángel Rafael poniendo sus manos sobre tu cabeza, imponiendo el símbolo Raku. Visualiza este símbolo como un rayo de luz perfecto que entra con infinito amor por tu chakra de la coronilla, atraviesa tu cuerpo e ilumina todos tus chakras hasta llegar al de la raíz. Siente la sensación de felicidad y amor.
» Inhala y exhala con tranquilidad durante unos minutos, disfrutando que estás recibiendo el símbolo de tu iniciación.
» Visualiza que estás rodeado(a) por los siete arcángeles. Con su perfecta luz azul, el arcángel Miguel se acerca a ti y pone el símbolo Raku en cada una de tus manos.
» Agradece con tus propias palabras esta iniciación, la compañía de los arcángeles y el poder que desde hoy tienes para sanarte a ti mismo(a) a través del reiki angelical.
» Pon tus manos en forma cóncava en cada uno de tus chakras.
» Guarda tu carta con el símbolo Raku como un tesoro que te recuerde tu iniciación. Puedes ponerla en un cofre o en un sobre, pues no volverás a utilizarla.
» Si lo deseas, escribe la experiencia. Estoy segura de que siempre querrás recordarla.

Acabas de concluir tu primera terapia del reiki angelical. A partir de este instante tienes en tus manos el poder de crear el equilibrio perfecto en tu vida, recibir la abundancia que te pertenece y disolver los bloqueos a nivel físico, mental y espiritual. Siente el cambio en tu cuerpo físico, en tus emociones y en tu energía. Agradece.

SEGUNDA PARTE

Sanación, limpieza y programación de la abundancia

CAPÍTULO I

Reiki angelical para sanar las memorias de escasez de tu niño(a) interior

Desde que nacemos tenemos que acoplarnos a las características de nuestras familias. Crecemos aprendiendo de nuestros padres y nuestra vida se enmarca en las elecciones que ellos toman por nosotros: el colegio al que vamos, la religión que practicamos, las normas que seguimos, etc. También heredamos de ellos las creencias sobre la abundancia y vivimos según sus ideas de escasez o prosperidad en la infancia, adolescencia y parte de nuestra edad adulta. Estoy segura de que en general los padres siempre buscan el beneficio de los hijos, pero también sé que en muchas ocasiones sus creencias son limitantes y pueden crear barreras en nuestra vida con respecto a lo merecedores que nos sentimos de recibir abundancia y prosperidad. En mi experiencia con pacientes, he visto que la mayoría de las veces la falta de merecimiento viene de remembranzas negativas de la infancia. Es cierto que nadie tiene el manual perfecto para educar a los hijos y no se trata de juzgar a los padres, pues seguramente hicieron lo mejor que creyeron para nosotros, pero es necesario que reconozcamos en qué lugar de nuestra infancia o adolescencia pueden estar esos bloqueos, para poder sanarlos y empezar a vivir una vida de abundancia.

Cuando la autoestima de nuestro(a) niño(a) interior está herida, afectamos de inmediato el chakra raíz, que gobierna lo material. No nos sentimos merecedores de la prosperidad y el éxito, y nos cerramos a recibir los regalos que el Universo tiene para nosotros. Es muy importante sanar las memorias negativas de la infancia, porque ahí se origina lo más profundo de nuestro ser. Cuando vamos a ese lugar, recogemos y empoderamos ese(a) niño(a) interior que nos acompaña a lo largo de la vida y así descubrimos que el poder está en nosotros.

La buena noticia es que hoy eres un(a) adulto(a) y tienes en tus manos la técnica del reiki angelical, la cual es perfecta para ayudarte en ese proceso. A través de ella puedes regresar a tu pasado e identificar fácilmente las memorias negativas de ese(a) niño(a) interior que te acompaña desde siempre para luego sanarlas. Es un proceso liberador y empoderador, pues después de hacerlo, puedes elegir y decretar tu propia abundancia. Al conectarte con la energía sutil, amorosa y perfecta del reiki angelical regresará a ti la alegría de vivir, te reconocerás merecedor(a) de la abundancia y el éxito, como corresponde por ley natural del Universo.

El caso de Juana y Natalia

Juana y Natalia son dos hermanas de 35 y 39 años que hace algún tiempo asistieron a uno de mis talleres. Habían decidido inscribirse porque se sentían frustradas: habían quebrado tres empresas diferentes en solo cuatro años y no entendían por qué, si tenían todas las calificaciones profesionales y el entusiasmo para lograr que sus emprendimientos prosperaran. Me expresaron que pese a la gran inversión que hacían, no les funcionaba ningún negocio, que soñaban con mantenerse como empresarias independientes, pero creían que era el momento de emplearse, pues no lograban ser exitosas en su sueño. Durante el taller hicimos un ejercicio para sanar las memorias de escasez de la niña interior y al terminar descubrimos que, durante la meditación, en el momento en que les pedía que fueran a un acontecimiento de su infancia donde sintieran que algo en su interior se había bloqueado con respecto a la abundancia, cada una por su lado había evocado la misma situación.

Había ocurrido cuando ellas tenían menos de diez años. Sus padres, dos profesionales exitosos y adinerados, habían salido un sábado en la mañana y las habían dejado al cuidado de la niñera. Juana y Natalia hicieron planes para jugar a la tienda y le pidieron a la niñera que preparara limonada para venderla a los vecinos. Además, sacaron de la alacena varias golosinas y salieron a la calle muy emocionadas. Pusieron una mesita, dos sillas y dispusieron los alimentos como en vitrina. No era que quisieran ganar dinero, solo tenían la ilusión de jugar. Muchos vecinos pasaron, les siguieron el juego y les compraron alguna cosa. Ellas estaban felices, pero la dicha terminó cuando los padres regresaron y, al ver a las niñas al frente de su casa en su tienda improvisada, con un par de monedas ya sobre la mesa, se enfurecieron y las castigaron diciéndoles que cómo se les ocurría semejante cosa. Que qué iban a pensar de ellos los vecinos, que pensarían que estaban pasando por una mala situación económica y que ahora tendrían que limpiar la imagen de la familia. Los padres despidieron a la niñera y nunca más volvió a hablarse del tema.

Esas dos niñas se convirtieron en las mujeres que vinieron a mi taller y que, gracias al reiki angelical, comprendieron que ese episodio había generado una creencia negativa con respecto a la abundancia. Les había hecho creer que todas las personas que venden algo son mal vistas por sus padres y la sociedad. Así habían crecido, creando una barrera inconsciente hacia cualquier empleo que implicara vender cualquier cosa. Cuando las dos lo expresaron, entendieron que en la vida todo es un intercambio y que los negocios también lo son. Al comprenderlo y practicar las terapias y decretos del reiki angelical, su empresa fue creciendo de manera exitosa. Así fue como esta técnica ayudó a estas hermanas a eliminar la creencia limitante que habían adquirido en su infancia.

Test

1. ¿Te avergüenza cobrar por tu trabajo?
2. ¿Dejas de hacer cosas que quisieras porque crees que no tienes el dinero para hacerlas?
3. ¿Crees que es difícil obtener abundancia?
4. ¿Te quejas constantemente de falta de dinero?
5. ¿Crees que las personas ricas son malas?

Si respondiste "Sí" a una o más de estas preguntas, los siguientes ejercicios son para ti.

Ejercicio: Recupero el derecho de abundancia de mi niño(a) interior

Símbolo: Cho Ku Rei
Arcángel: Uriel
Chakra que equilibras: Raíz
Objetos que necesitas: Colores, foto de infancia, pegante

Para ayudar a sanar tu abundancia y merecimiento debes conectarte de nuevo con tu niño(a) interior. Por esta razón vamos a hacer un ejercicio de los que hacías de niño(a). Diviértete y siente que eres un(a) niño(a) que disfruta este ejercicio, que te conecta con la abundancia.

- Toma la foto de tu infancia y pégala en el gráfico donde dice "foto de tu niñez" (si no tienes una, haz un dibujo que creas que te representa).
- Observa la foto por un rato, conéctate con el (la) niño(a) que tienes al frente en esa foto y siente sus sentimientos.
- Toma los colores y colorea las figuras del amor, la salud, el éxito, la felicidad, el dinero, el gozo y la plenitud.
- Cuando termines, pon sobre tu foto la carta Cho Ku Rei para potencializar el merecimiento y la conexión con la abundancia y el éxito.
- Dirígete al arcángel Uriel y pídele que te reconecte con el derecho que tienes de ser abundante en este plano terrenal. Di: "Arcángel Uriel, permite que tu luz rojo rubí me conecte con mi niño(a) interior, el (la) cual merece recibir amor, salud, éxito, felicidad, dinero, gozo y plenitud. Permíteme sentir desde hoy que me protejo, me amo, me acepto y me entrego la abundancia ilimitada que por derecho me corresponde. Gracias, gracias, gracias".

Autoterapia: Mi niño(a) interior florece

Símbolos: Hon Sha Ze Sho Nen, Sei Hei Ki
Arcángel: Jofiel
Chakra que equilibras: Plexo solar
Objetos que necesitas: Vela amarilla, flor amarilla, incienso de canela, hoja de papel, lápiz

Las emociones que permanecen desde la infancia se van acumulando a lo largo de nuestra vida en el chakra del plexo solar. Por esta razón, cuando a través de la meditación volvemos a instantes de nuestra niñez, podemos sentir latente la emoción. Percibimos los olores y colores que estaban presentes en ese momento, los cuales generan sentimientos muy fuertes. Si nuestra infancia fue feliz y sana, probablemente seamos personas seguras de nosotras mismas y conscientes de que merecemos ser abundantes y exitosas. Pero si lastimosamente tenemos remembranzas negativas de nuestra infancia, es muy posible que hayamos crecido sin confianza en nosotros mismos, con miedos y falta de merecimiento. Por esta razón, sanar el *chakra* del plexo solar, donde se esconden estas emociones, nos pondrá de nuevo en la vibración del éxito y la abundancia.

» Ve a tu sitio de meditación, ubica la flor donde la puedas ver y prende la vela amarilla. Como homenaje al arcángel Jofiel, enciende el incienso de canela. Esto abrirá la conexión con la abundancia. Si lo deseas, puedes poner música.

» Toma la carta Hon Sha Ze Sho Nen que abre la puerta del pasado y sana las emociones negativas, y ponla sobre tu corazón.

- Dile con amor al arcángel Jofiel que te permita recordar, sanar y enfrentar las emociones que necesitas curar para que la abundancia fluya en tu vida.
- Anota en la hoja de papel qué recuerdo o frase que hayas oído en tu infancia te desconecta del merecimiento. Si aplica, anota el nombre de la persona o la situación que te hizo sentir que no merecías ser abundante.
- Sobre lo que acabas de escribir, pon la carta Sei Hei Ki para sanar esas emociones y repite: "Desde hoy y para siempre suelto estos pensamientos y emociones negativas. Elijo estar bien, soy abundante, soy exitoso(a). Gracias, gracias, gracias".
- Retira la carta y, de forma segura, quema el papel con tu vela como símbolo de que esto es un pasado que jamás pertenecerá a tu presente.
- Pon tu carta Sei Hei Ki sobre tu plexo solar durante tres minutos. Háblale mentalmente a tu niño(a) interior, dile que está a salvo, que tiene el derecho de ser abundante y exitoso(a). Visualízate siendo un(a) niño(a) sano(a), exitoso(a) y abundante.
- Aun con tus manos en el plexo solar agradece al arcángel Jofiel por su ayuda y guía: "Gracias, gracias, gracias".

Meditación: Siembro la semilla de la abundancia y el éxito

Símbolo: Sei Hei Ki
Arcángel: Rafael
Chakra que equilibras: Corazón
Objetos que necesitas: Vela verde, incienso

- Ve a tu sitio de meditación. Prende una vela verde y el incienso. Si lo deseas, pon música de fondo.

» Siéntate cómodamente. Cierra tus ojos. Concéntrate en tu respiración y en el sonido de tu corazón. Inhala y exhala, llenando tu abdomen por unos minutos. Relájate.
» Visualiza que caminas sobre arena tibia, una arena tan dorada como el oro. Siente la tibieza del viento. Visualízate liviano(a) y relájate cada vez más.
» Imagina que ves en la distancia un(a) hermoso(a) niño(a). Acércate a él (ella). Ese(a) niño(a) eres tú. Observa sus rasgos, la ropa que lleva puesta, la expresión que tiene en su cara.
» Habla con él (ella) y pregúntale qué siente.
» Visualiza cómo lo(a) abrazas y lo(a) pones contra tu pecho. Siente que lo(a) proteges. Sabes que él (ella) advierte los latidos de tu corazón y se percibe amado(a) y protegido(a). Observa cómo sonríe y entrégale todo el amor que necesite.
» Míralo(a) a los ojos y dile: "Siento mucho el dolor que has experimentado. Hoy estoy aquí para ayudarte, protegerte y cuidarte. Nunca más estarás solo(a). Te amo, me importas. Hoy sano las memorias desde que naciste hasta el día de hoy".
» Visualiza que en este momento llega el arcángel Rafael y en su presencia le dices a tu niño(a) interior: "Hoy, pequeño(a) niño(a) mío(a), regresa a ti el merecimiento. Te pido perdón y permito que sanes todas las memorias de dolor o falta de abundancia y merecimiento que has tenido hasta el día de hoy. Te amo, te amo, te amo. Desde hoy te conecto con el merecimiento y la abundancia que, como derecho divino, te corresponde. Desde hoy eres exitoso(a) y abundante".
» Visualiza a tu niño(a) interior sonriendo con gran felicidad, sembrando una semilla de abundancia y éxito en la arena. Observa cómo esa semilla va creciendo

hasta convertirse en un maravilloso y frondoso árbol. Mira el rostro del (de la) niño(a): está seguro(a), feliz, confiado(a).

» Toma la carta Sei Hei Ki. Colócala en tu corazón y pon tus manos sobre ella. Visualiza al arcángel Rafael poniendo sus manos sobre las tuyas.
» Visualiza a ese(a) niño(a) sentado(a) al lado de su siembra, en perfecto estado de felicidad, gozo y merecimiento, riendo a carcajadas. Deja tus manos unos segundos más sobre tu corazón, el tiempo que desees, mientras el arcángel Rafael pone en tu corazón el reiki angelical para sanar tu corazón de las memorias negativas del pasado.
» Agradece al arcángel Rafael tres veces: "Gracias, gracias, gracias".
» Cuando estés listo(a), toma conciencia de tu cuerpo físico y de tu respiración. Abre tus ojos.

DECRETO

"Yo ______________________ [tu nombre] permito que mi niño(a) interior florezca en perfecta armonía y en complicidad con el Universo para recibir con amor la abundancia ilimitada. Desde este instante soy un(a) adulto(a) próspero(a) y feliz. Gracias, gracias, gracias"*.

* Pon la carta Cho Ku Rei sobre tu corazón para potencializar este decreto y repítelo durante 21 días. De esta manera tu mente integrará su energía plenamente.

CAPÍTULO II

Reiki angelical para cambiar tus creencias limitantes frente al dinero

¿Cuántas veces hemos oído frases como "los artistas son unos muertos de hambre", "si eres espiritual no debes tener posesiones materiales" o "el dinero corrompe"? Todas estas son creencias colectivas que se van quedando en nuestro inconsciente y que se convierten en grandes enemigos de nuestra prosperidad. Por frases como esas es que muchas veces terminamos resignándonos a trabajar en oficios que nos alcanzan para suplir las necesidades básicas pero que no nos hacen felices ni nos generan mayor riqueza. Con frecuencia nos conformamos con tener lo justo para sobrevivir, sin contemplar la posibilidad de que es posible tener mucho más, lo suficiente para darnos lujos, viajar, divertirnos, etc. Vivimos con la idea de que "algo es algo, peor es nada". Nos quedamos así estancados en la rutina, en trabajos que no nos apasionan y relegados a vivir una vida "prestada", donde no hay cabida para nuestros sueños, pues sentimos que es demasiado arriesgado para la estabilidad financiera propia y de los que nos rodean. Esas creencias nos llevan a vivir una vida de escasez, pues como pensamos, vivimos.

El reiki angelical te permitirá identificar cuáles son las ideas limitantes que tienes y te ayudará a eliminarlas y reemplazarlas por ideas de abundancia. Con esta autoterapia entenderás la prosperidad como un derecho universal que te pertenece, como a todos los que habitamos este plano terrenal. Esta técnica te permite alinear tu pensamiento y tu palabra positiva en la frecuencia de la prosperidad para que empieces a construir tus deseos de abundancia y éxito ilimitado.

El caso de Amanda

Amanda era una mujer joven que se desempeñaba como consultora en una pequeña empresa. Era inquieta y creativa, procuraba aportar a la compañía ideas nuevas y trabajaba con pasión. Sin embargo, su salario era bajo. Apenas le alcanzaba para sus gastos fijos. No le quedaba un peso extra para nada. Ella se conformaba. No expresaba ninguna molestia. Tres años después de ser contratada, uno de sus compañeros renunció a la pequeña compañía porque, según dijo, quería proyectarse y crecer a nivel profesional y económico.

Amanda le dijo que ella esperaría, que creía que algún día valorarían su trabajo en la empresa, le darían un mejor cargo y le subirían el sueldo. Lejos de darse esa situación, su jefe le puso a Amanda el trabajo del compañero que se fue, sin hacerle ninguna promesa de que le pagarían más. Ella, desconsolada, empezó a desarrollar rabia hacia su jefe y hacia la empresa. Sin darse cuenta cambió su temperamento alegre y dejó de trabajar con el gusto que lo hacía antes. No expresaba su frustración a sus jefes y su trabajo seguía siendo excelente, aunque nadie se lo reconociera ni verbal ni salarialmente.

Cuando su familia vio su frustración, le pidió que hablara con su jefe o que buscara un nuevo trabajo. Ella siguió la recomendación de buscar un nuevo empleo, pero no obtenía resultados, no la llamaban ni a una entrevista a pesar de ser una profesional maravillosa e inteligente. Frustrada, llegó a mi consultorio a pedir terapia de reiki angelical. Me dijo: "Quiero entender por qué tengo tan mala suerte. Mi vida laboral es un desastre. No me pagan lo justo, me dan el trabajo de dos profesionales y me siguen pagando el mismo sueldo. No veo posibilidad alguna de ascender. Estoy desespera porque envío muchos currículos para conseguir empleo sin ningún resultado". Estaba muy tensa, tenía lágrimas en los ojos y su desespero y ansiedad eran incontrolables. Le pedí que respirara profundamente, que relajara su cuerpo físico para subir su energía. Cuando la sentí más calmada le expresé que le aplicaría la terapia del reiki angelical y le pedí que, mientras lo hacía, me hablara de sus talentos y de todo lo que le producía felicidad a nivel profesional.

Luego de estar 45 minutos hablando de sus talentos, se dio cuenta de que ella era excelente en su trabajo, de que lo que hacía era fundamental para la empresa y de que verdaderamente le apasionaba lo que hacía. Amada entendió entonces que ese no era el problema, sino que era incapaz de pedir un aumento de salario porque, inconscientemente, tenía grabada una frase que su abuela repetía todo el tiempo: "Pedir es de desagradecidos". Amanda descubrió que esa frase le había calado tan hondo, que hoy, siendo una mujer adulta, le había impedido pararse en su sitio ante sus jefes y exigir lo que merecía por su trabajo. Con la ayuda de las autoterapias y ejercicios del reiki angelical, Amanda logró transformar esa creencia. Entendió que es su derecho valorar su trabajo y pedir que sus jefes lo reconozcan salarialmente, sin dejar por eso de ser agradecida con la vida.

El salario en esa empresa no mejoró y tampoco le quitaron la excesiva carga laboral. Sin embargo, al cabo de un par de meses de permanecer en actitud positiva y de realizar los ejercicios con el arcángel Uriel para programar y decretar un nuevo trabajo donde valoraran su conocimiento, Amanda encontró el trabajo de sus sueños con un salario incluso superior al que ella le había pedido a los ángeles.

Test

1. ¿Piensas que el dinero corrompe?
2. ¿Crees que las personas ricas son malas, prepotentes y dañinas?
3. ¿Piensas que la espiritualidad y el dinero no son compatibles?
4. ¿Crees que tener dinero es cuestión de suerte o que debes hacer grandes sacrificios para obtenerlo?
5. ¿En ocasiones consideras que no eres lo suficientemente bueno(a) en tu oficio y que no mereces cobrar un precio significativo por ello?

Si respondiste "Sí" a una o más de estas preguntas, los siguientes ejercicios son para ti.

Ejercicio: El dinero me genera bienestar

Símbolo: Cho Ku Rei
Arcángeles: Zadquiel, Uriel
Chakras que equilibras: Coronilla, entrecejo, raíz
Objeto que necesitas: Lápiz

» Observa la tabla que se encuentra en la siguiente página. En la primera columna escribe cinco cosas que quieras a corto plazo, que puedas adquirir con dinero y te generen bienestar. Escríbelas anteponiendo las palabras "Gracias por".
Ejemplo: "Gracias por el helado de chocolate".

» En la segunda columna, escribe cinco cosas que quieras a mediano plazo, que puedas adquirir con dinero y te generen bienestar. Escríbelas anteponiendo las palabras "Gracias por".
Ejemplo: "Gracias por mi pareja ideal".

» En la tercera columna, escribe cinco cosas que quieras obtener a largo plazo, que puedas adquirir con dinero y te generen bienestar. Escríbelas anteponiendo las palabras "Gracias por".
Ejemplo: "Gracias por mi casa en la playa".

Lo que quiero a corto plazo	*Lo que quiero a mediano plazo*	*Lo que quiero a largo plazo*
1.	1.	1.
2.	2.	2.
3.	3.	3.
4.	4.	4.
5.	5.	5.

» Deja tu carta Cho Ku Rei sobre esta tabla durante nueve días.

» Durante los tres primeros días, repite en voz alta los ítems de la primera columna. Hazlo con gratitud y visualizando cada deseo como si ya lo hubieras obtenido.

» Durante los siguientes tres días, repite en voz alta los ítems de la segunda columna. Hazlo con gratitud y visualizando cada deseo como si ya lo hubieras obtenido.

» Durante los últimos tres días, repite en voz alta los ítems de la tercera columna. Hazlo con gratitud y visualizando cada deseo como si ya lo hubieras obtenido.

» Durante los nueve días, después de leer la columna correspondiente, termina diciendo la siguiente oración:

Arcángeles Zadquiel y Uriel,

Hoy permito que me liberen de pensamientos negativos con respecto al dinero. Transfórmenlos en positivos y permítanme comprender que el dinero es energía que me proporciona bienestar. Permitan que la abundancia en dinero se materialice en mi vida.

» Agradece: "Gracias, gracias, gracias".

AUTOTERAPIA: EL DINERO ES BUENO PARA MÍ

Símbolo: Cho Ku Rei
Arcángel: Uriel
Chakras que equilibras: Entrecejo, raíz
Objetos que necesitas: Vela roja, hoja de papel y lápiz

» Ve a tu sitio de meditación y enciende la vela roja. Pon música de meditación, si así lo deseas.
» Toma tu carta Cho Ku Rei y llévala a tu estómago, cuatro centímetros abajo del ombligo.
» Cierra tus ojos e imagina que el arcángel Uriel te entrega en tus manos un cheque con una suma generosa (si lo prefieres imagina esa suma en billetes).
» Repite: "Este dinero en bueno para mí. Lo acepto y recibo con amor para mi beneficio y el de todas las personas que me rodean. Confío y agradezco. Gracias, gracias, gracias".
» Realiza esta autoterapia durante siete días continuos para que en tu ser quede grabada la creencia de que el dinero es positivo y permitas que el Universo, con ayuda del arcángel Uriel, trabaje para traer abundancia a tu vida.

Meditación: El dinero me gratifica

Símbolo: Cho Ku Rei
Arcángel: Uriel
Chakras que equilibras: Todos
Objeto que necesitas: Vela dorada

» Ve a tu sitio de meditación y prende la vela dorada. Pon música para meditar, si así lo deseas.
» Toma tu carta Cho Ku Rei y ponla sobre tu corazón.
» Cierra tus ojos y céntrate en tu respiración. Inhala lenta y profundamente y exhala con amor. Permite que el aire llene tu vientre y siente el fluir amoroso del aire en tu cuerpo.
» Con amor pide al arcángel Uriel que abra los canales de la energía de la abundancia en tu interior y elimine para siempre cualquier bloqueo o creencia limitante que tengas con respecto al dinero.
» Relaja tu cuerpo físico, siente que se derrite como mantequilla desde tu cabeza hasta tus pies. Experiméntate muy liviano.
» Visualízate a la orilla de un hermoso río dorado. Contempla la belleza del paisaje, la paz y alegría que te genera. Siente que formas parte de ese hermoso lugar donde todo resplandece con brillo dorado.
» Visualiza al arcángel Uriel viniendo hacia ti. Salúdalo, siente su presencia y su amor.
» Visualiza que el arcángel Uriel se acerca al hermoso río y en sus manos toma agua que materializa en monedas de oro muy brillante. Las pone luego en las tuyas y tú las recibes como símbolo de abundancia económica.
» Visualízate invirtiendo ese dinero y sintiéndote en armonía y bienestar. Quédate unos minutos experimentando la sensación de gozo al ver materializados tus

deseos materiales. Siente la alegría y gratificación que esto te genera.

» Cuando estés listo(a), abre tus ojos con la certeza de que mereces la abundancia que el Universo, de la mano del arcángel Uriel, ha traído para ti.

» Agradece: "Gracias, gracias, gracias".

Decreto

"Yo soy parte del universo perfecto y abundante.
Decreto la abundancia como mi compañera de vida.
Gracias, gracias, gracias"*.

* Pon la carta Cho Ku Rei sobre tu corazón para potencializar este decreto y repítelo durante 21 días. De esta manera tu mente integrará su energía plenamente.

CAPÍTULO III

Reiki angelical para soltar la envidia y la comparación

El que se compara pierde. Todas las personas pensamos de distintas maneras, tenemos gustos diferentes y expresamos los sentimientos de diversas formas. Lo que para unos significa abundancia y éxito para otros puede no serlo. Por eso, compararnos, juzgar o sentir envidia por los resultados de otros y su abundancia solo nos llena de sentimientos y pensamientos negativos que atentan contra nosotros mismos. Recuerda que hay una ley divina en el Universo, según la cual lo que deseamos para los demás es lo que atraemos para nuestra vida. Así que criticar, envidiar o juzgar aleja de nosotros la obtención de la abundancia.

Te invito a que centres y abras tu corazón a lo importante y, en lugar de compararte y perder tu valioso tiempo y energía en sentimientos de baja vibración, te dediques a trabajar en ti, en ir al encuentro de tu abundancia y tu éxito, disfrutándolos a plenitud. Piensa que es maravilloso que seamos seres únicos y diferentes, y recuerda que en el Universo hay suficiente para todos. Enfócate en ir por lo que te pertenece y en encontrar lo que te hace feliz, sin envidiar o compararte con nadie. Agradece ser quien eres y reconoce que solo de ti depende recibir abundancia ilimitada de forma fácil y simple. Ábrete a recibir con la ayuda de los ángeles.

El caso de Susana

Susana llegó a mi consulta a practicarse reiki angelical por sugerencia de su mejor amiga, María Mercedes, quien había aprendido la técnica y había visto resultados maravillosos en su vida, cultivando el estado de gratitud para mantenerse en la frecuencia maravillosa de la abundancia y el éxito. Cuando Susana entró a terapia le pregunté qué quería obtener con ella, a lo que respondió: “Quiero ser igual o más exitosa que María Mercedes. No entiendo por qué, siendo mucho más linda yo que ella y teniendo un máster fuera del país, no tenga novio ni un trabajo que me haga feliz, y ella sí. Yo quiero que me ayudes a tener lo que ella tiene”. Sin decirle nada le pedí que se acostara en la camilla y la guie hacia un estado de relajación y de conexión con su ser a través de la respiración.

En la meditación le pedí al arcángel Rafael que la conectara de nuevo con el amor propio y le potencializara sus talentos, y le pedí que entendiera que la felicidad es personal y que lo que hace exitosa y abundante a una persona no necesariamente es importante para otra. Le sugerí que empezara a agradecer por las cosas que tenía y que definitivamente no quería perder. Le pedí que visualizara a su amiga María Mercedes y le pidiera perdón por envidiarla. También le sugerí que le deseara tres veces más el éxito y la abundancia que ya tenía. Cuando terminó, se sentó y me dijo que ya no tenía esa sensación de angustia y ansiedad que la acompañaban constantemente. En ese momento le expliqué cómo las emociones negativas —como la envidia— nos cortan la energía de la abundancia y el éxito. Los meses que siguieron, ella siguió realizando autoterapias de reiki angelical e hizo ejercicios para recibir lo que le correspondía. En muy poco tiempo entendió que todas las personas tenemos abundancia ilimitada y que solo debemos sintonizarnos en la frecuencia del amor y la gratitud, sin compararnos ni envidiar a nadie. Actualmente está muy feliz, recibiendo la abundancia que el Universo tenía reservada para ella. Solo tuvo que entender cómo y en qué estado se logra.

TEST

1. ¿Te incomoda saber que otros logran sus objetivos?
2. Cuando ves una persona abundante, ¿piensas que alguien le ha dado lo que tiene o que no lo ha logrado sola?
3. Si alguien tiene algo que te gusta y tú no, ¿sientes deseos de que lo pierda?
4. Cuando un compañero de trabajo logra un objetivo y es felicitado, ¿sientes envidia y además finges que lo que logró no es tan importante?
5. Si un familiar o un amigo recibe halagos o regalos, ¿te molestas con quien los da porque no te los dio a ti?

Si respondiste "Sí" a una o más de estas preguntas, los siguientes ejercicios son para ti.

EJERCICIO: LIBERO LA ENVIDIA Y LA COMPARACIÓN

Símbolo: Sei Hei Ki
Chakras que equilibras: Corazón, plexo solar
Arcángel: Zadquiel
Objetos que necesitas: Ninguno

» Toma tu carta Sei Hei Ki y ponla en tu corazón.
» Respira profundamente tres veces, de forma relajada y tranquila.

- Piensa en la(s) persona(s) con quien(es) frecuentemente te comparas o con quien(es) sientes malestar cuando alcanza(n) logros.
- Cuando tengas claro quién(es) es (son), visualízala(s) al frente tuyo y pídele(s) perdón con amor. Además, deséale(s) tres veces más éxito y abundancia de los que hoy disfruta(n). Puedes decir una frase como: "Te pido perdón por cada pensamiento, palabra y sentimiento negativo o dañino que existió en mí con respecto a ti. Desde hoy te deseo abundancia, éxito y felicidad. Así tu energía y mi energía fluyen en concordancia con la energía de la abundancia y el éxito que nos provee el Universo".
- Con tus propias palabras, pide al arcángel Zadquiel que transmute los sentimientos negativos en pensamientos positivos, amorosos y generosos.
- Agradece: "Gracias, gracias, gracias".

Puedes repetir este ejercicio cuantas veces lo desees. Recuerda que la práctica hace al maestro y, con disciplina, aprenderás a no compararte con nadie y a no expresarte mal sobre otros. Cuando nuestro corazón es bueno y nuestra energía es sutil, ocurren los milagros, pues los ángeles acuden de inmediato a nuestra presencia para ayudarnos a materializar nuestros deseos.

Autoterapia: Me reconozco merecedor(a) de la abundancia

Símbolo: Sei Hei Ki
Arcángeles: Rafael, Jofiel
Chakras que equilibras: Corazón, plexo solar
Objeto que necesitas: Vela verde

- Ve a tu sitio de meditación y enciende la vela verde. Si lo deseas, puedes poner música de fondo.

» Siéntate con la espalda recta y permite que el flujo de energía pase por tus chakras.
» Toma tu carta Sei He Ki y ponla sobre tu corazón.
» Cierra tus ojos. Relájate, siente el fluir de tu respiración.
» Invoca la presencia del arcángel Rafael, para tu sanación, y del arcángel Jofiel, para el manejo de tus emociones. Puedes decir simplemente: "Amados arcángeles Rafael y Jofiel, invoco su amorosa presencia. Llenen mi corazón de amor y gozo para transmutar las emociones negativas que me alejan de la abundancia en sentimientos de gratitud que me permitan recibir la abundancia ilimitada que el Universo me otorga".
» Respira tres veces, de manera profunda y prolongada.
» Cuando estés listo(a), abre los ojos.
» Toma una respiración profunda y al exhalar repite tu nombre diciendo en voz alta: "Yo, ______________ [tu nombre completo], estoy libre de sentimientos negativos. Me siento fluir en la energía de la abundancia. Desde hoy y para siempre recibo la abundancia ilimitada que el Universo me provee. Gracias, gracias, gracias".

Meditación: Soy un ser único y perfecto

Símbolo: Sei Hei Ki, Dai Ko Myo
Arcángeles: Rafael, Zadquiel
Chakras que equilibras: Todos
Objetos que necesitas: Vela verde, vela violeta

» Ve a tu sitio de meditación. Prende una vela verde como homenaje al arcángel Rafael y una violeta para el arcángel Zadquiel.
» Toma la carta Sei Hei Ki entre tus manos.

» Cierra tus ojos. Concéntrate en tu respiración por unos minutos.
» Visualízate en un jardín hermoso y observa que a tu lado están los arcángeles Rafael y Zadquiel. Salúdalos y agradéceles que se encuentren ahí contigo. Percibe su energía.
» Visualiza que de tu espalda van cayendo cargas y situaciones del pasado que te han hecho compararte y envidiar a otros. Entrégaselas una a una al arcángel Zadquiel, diciendo: "Hoy decido quitar este peso de mi vida. Te lo entrego y te pido que lo transmutes. Me perdono. Aquí y ahora todos los sentimientos de envidia y rabia que he tenido con respecto al éxito de los demás son transformados. Gracias, gracias, gracias".
» Siéntete muy liviano(a) al lado del arcángel Rafael y observa que él pone luz verde en tu corazón para sanar los sentimientos de baja vibración. Repite: "Hoy, aquí y ahora, empieza mi presente. Desde hoy, veo mi perfección. Yo soy amor, yo soy abundancia ilimitada, yo soy perfecto(a), yo soy exitoso(a), yo soy el reflejo de Dios".
» Toma una respiración profunda, abre un instante tus ojos, deja la carta Sei Hei Ki y toma la carta Dai Ko Myo. Ponla en tu corazón y repite 21 veces: "Me amo y me acepto tal y como soy, abundante y exitoso(a), un ser único e irrepetible con dones y talentos propios".
» Agradece: "Gracias, gracias, gracias".

Decreto

"Yo soy único(a) e irrepetible, soy la energía perfecta de éxito y abundancia. Así es, hecho está. Gracias, gracias, gracias"*.

*Pon la carta Cho Ku Rei sobre tu corazón para potencializar este decreto y repítelo durante 21 días. De esta manera tu mente integrará su energía plenamente.

CAPÍTULO IV

Reiki angelical para conectarte con la gratitud

La gratitud es la llave de la abundancia y el éxito ilimitado. Cuando reconocemos con gratitud el hecho de estar vivos y de poseer dones y talentos que podemos usar para nuestro beneficio y el de los demás, nos elevamos a la frecuencia energética de la abundancia, generamos vibraciones positivas que, por la ley de la atracción, nos conectan con todo lo que anhelamos de forma fácil. Ahora bien, la ley de la atracción funciona por igual para lo positivo como para lo negativo. Por esta razón debemos activarla siempre a través de pensamientos positivos usando como llave la gratitud. Agradecer por nuestros dones abre las infinitas posibilidades de crear y materializar nuestros deseos.

El sentimiento de gratitud nace de las experiencias vividas y podemos hacerlo parte de nuestra realidad si dejamos de ver la vida como un problema sin solución. Todos en algún momento de la vida hemos tenido dificultades o tropiezos y debemos verlos como una oportunidad de aprendizaje para no volver al error. Así logramos cortar el círculo vicioso de la queja y el dolor pasado, para centrarnos en el presente y crear una nueva realidad.

El reiki angelical te enseña a tomar conciencia de tus pensamientos y a agradecer de forma espontánea por la riqueza invaluable que ya tienes por el simple hecho de estar vivo(a) y tener facultades y talentos. Es posible que te cueste enfocarte en todo lo que tienes para agradecer, pues la mayoría de nosotros nos hemos acostumbrado tanto a la abundancia que ya tenemos, que olvidamos lo afortunados que somos. Eres un ser divino, con grandes riquezas a nivel físico, mental, emocional y espiritual; solo tienes que recordarlo. Con un poco de práctica puedes cambiar ese condicionamiento dañino y negativo de dar por sentados todos tus regalos, y aprender que incluso el más mínimo acto de gratitud tiene un impacto positivo en tu vida y te conecta con la abundancia.

Mientras más practiques, más fácilmente vendrá a ti la gratitud y pronto empezarás a formar una cadena energética de positivismo que te permitirá acceder a la fuente inagotable de posibilidades. Cambia la crítica por la gratitud y verás tu vida transformarse en poco tiempo. Pon tu atención en lo positivo y descubre cómo, hacerlo, te conecta con un torrente de energía elevada que fluye y te pone en sincronía para recibir abundancia y estados de felicidad.

El caso de Juan

Juan, un hombre de 48 años, llegó a mi consulta muy agobiado por su situación económica. Había trabajado muchos años en una multinacional y había sido despedido por recorte de personal en épocas de crisis petrolera. Me expresó que por no haber parado nunca su ritmo de vida después de su despido laboral, entre viajes, club social y diferentes actividades que requerían un alto ingreso, había gastado la indemnización de su trabajo y sus ahorros. La familia de su esposa, quien tenía un cultivo de fresas, lo había invitado a trabajar como gerente del negocio. Él, muy deprimido, había aceptado, pero se sentía lleno de rabia, pues no era su costumbre trabajar con personas que, en sus palabras, "eran menos cultas y estudiadas que él". Me dijo que trabajaba sin motivación, que se sentía negativo y malhumorado desde que empezaba su jornada laboral hasta que se dormía. Se quejaba todo el día y su actitud empezó a notarse en la producción del cultivo, que había disminuido considerablemente desde que asumió la gerencia. Estaba preocupado, pues esa era ahora su única fuente de ingreso. Se contradecía: por un lado, manifestaba que el terreno era magnífico, muy fértil, y la siembra, grande, y por el otro, renegaba de cosas como tener que usar botas de caucho para revisar a los trabajadores y oírles sus historias.

Yo lo escuché en silencio y observé cómo su rabia se incrementaba y tomaba impulso a medida que seguía hablando. Permití que expresara toda su frustración y luego le pedí que se recostara en la camilla para hacerle terapia de reiki angelical. Mientras le imponía las manos con la energía sutil y mágica del arcángel Rafael y con la ayuda de los arcángeles Jofiel (emociones) y Uriel (claridad y abundancia ilimitada), él suspiraba muy tranquilo. Al terminar se incorporó con una sonrisa y me dijo: "Estoy desaprovechando el paisaje, las personas y el amor de los cultivadores por la tierra". Me contó que mientras recibía la terapia había visualizado que trabajaba con tanto amor que disfrutaba el día a día, el paisaje, la belleza del cultivo, la libertad de horario, la independencia en el trabajo... Se había sentido libre y muy tranquilo. Le expresé que vivir en estado de gratitud es vivir en la frecuencia del amor y la abundancia ilimitada; que solo tenía que ver con amor y gratitud los rostros de sus trabajadores y el amor que ellos sentían por la tierra. Le sugerí que aprendiera a sonreírle al trabajo y agradecer por la vida, la salud, el terreno, los trabajadores, los insumos, la cosecha... Que agradeciera cada instante que estuviera en su trabajo.

Él me miró muy sorprendido y con brillo en sus ojos. Después de eso, su actitud hacia el trabajo cambió. Aprendió a disfrutar de la tierra y de la abundancia que esta provee. Solo tenía que dejar a un lado su ego. Juan se convirtió en maestro del reiki angelical y afirma que todos los días de camino a su trabajo agradece con felicidad y gozo que el Universo le permita trabajar en ese cultivo. Actualmente está feliz trabajando por ampliar la siembra a otros productos que pueda exportar.

Test

1. ¿Te quejas constantemente por falta de dinero?
2. ¿Consideras que los demás son privilegiados y tú no?
3. ¿Sientes que lo que quieres es muy difícil de alcanzar?
4. ¿Das por sentadas cosas tan simples como el agua tibia con la que te bañas o el café caliente de la mañana o los alimentos que consumes?
5. ¿Olvidas agradecer por tus talentos?

Si respondiste "Sí" a una o más de estas preguntas, los siguientes ejercicios son para ti.

Ejercicio: Cultivo la gratitud

Símbolos: Cho Ku Rei, Dai Ko Myo
Arcángel: Zadquiel
Chakras que equilibras: Todos
Objetos que necesitas: Cartulina y lápiz

» En un cuarto de pliego de papel cartulina, escribe esta frase: "Arcángel Zadquiel, transmuta en amor y gratitud mis pensamientos de ingratitud y negatividad frente a mi vida y mi entorno. Permite que tu luz violeta libere y transforme todos estos pensamientos en amor y gratitud. Que desde este instante y para siempre mis pensamientos sean positivos, para así conectarme amorosamente a la fuente inagotable de posibilidades".

- Toma tu carta Dai Ko Myo y déjala tres minutos sobre tu petición para abrir el canal del amor.
- Pega la cartulina con la petición en el techo, sobre tu cama, y deja la carta Cho Ku Rei en tu mesita de noche.
- Durante siete días, apenas te despiertes, toma la carta Cho Ku Rei entre tus manos, dirige tu mirada a la cartulina y repite la petición al arcángel Zadquiel en voz alta.
- A continuación, enumera diez cosas que tengas en tu vida por las que te sientas agradecido(a) y di "gracias, gracias, gracias" desde el corazón. Puedes decir, por ejemplo, "Gracias por mi salud. Gracias por mis ojos. Gracias por mis talentos. Gracias por mi sentido del humor. Gracias por esta casa...". En poco tiempo verás cómo tus días se llenan de magia y abundancia.

Autoterapia: Agradezco la abundancia que hay en mi vida

Símbolo: Hon Sha Ze Sho Nen
Arcángel: Jofiel
Chakras que equilibras: Plexo solar, raíz
Objetos que necesitas: Hoja de papel, lápiz

- Toma tu carta Hon Sha Ze Sho Nen y, poniéndola en tu corazón, cierra tus ojos y pide al arcángel Jofiel que permita que borres las memorias de dolor de tu pasado y te permita integrar el aprendizaje de la situación con amor y gratitud.

- » Piensa en una situación que en el pasado consideraste negativa.
- » En una hoja de papel, enumera tres cosas positivas que obtuviste de la situación, sin juzgar cuáles se te ocurren.
- » Ahora piensa en que aprendizaje que obtuviste de esa situación.
- » Agradece por las lecciones recibidas y al arcángel Jofiel por inspirarte a conectar con la energía suprema de la gratitud: "Gracias, gracias, gracias".

Meditación: Siembro buena semilla

Símbolo: Cho Ku Rei
Arcángeles: Todos
Chakras que equilibras: Todos
Objetos que necesitas: Vela naranja, incienso de canela

- » Ve a tu espacio de meditación y prende la vela naranja y la barra de incienso. Si lo deseas, pon música de fondo.
- » Toma en tus manos la carta Cho Ku Rei y cierra tus ojos.
- » Concéntrate en tu respiración y en el latir de tu corazón por unos minutos.
- » Relaja tu cuerpo.
- » Visualiza un jardín y obsérvate caminando sobre el pasto con tus pies descalzos.
- » Busca el sitio más hermoso del jardín y visualiza allí a los siete arcángeles formando un círculo. Percibe sus siete colores y siente su presencia y su amor.
- » Observa que cada uno de ellos te entrega una semilla. Tómalas en tus manos y agradéceles, uno a uno, mientras las vas recibiendo.
- » Ahí mismo, siembra siete deseos de abundancia. Visualiza que los arcángeles te rodean mientras lo haces para potencializar tu siembra de prosperidad y éxito.

- Observa cómo tu siembra produce fuertes raíces y brota a la superficie de forma sana y frondosa.
- Agradece desde el corazón y visualízate disfrutando de los beneficios de tu siembra, y entiende que has transformado de forma positiva las situaciones difíciles del pasado y has plantado la semilla de la gratitud en el presente para obtener una sana cosecha en el futuro.
- Deja grabada esa siembra en tu mente y en tu corazón. Ahora sabes que cada vez que quieras puedes regresar ahí y visualizarte nuevamente disfrutando de la buena cosecha que sembraste.
- Toma conciencia de tu respiración y cuando estés listo(a) abre tus ojos.
- Agradece: "Gracias, gracias, gracias".

Decreto

"Yo soy gratitud, yo soy abundancia, yo soy éxito. Estoy conectado(a) con la fuente infinita de todas las posibilidades de abundancia y prosperidad. Gracias, gracias, gracias"*.

* Pon la carta Cho Ku Rei sobre tu corazón para potencializar este decreto y repítelo durante 21 días. De esta manera tu mente integrará su energía plenamente.

CAPÍTULO V

Reiki angelical para eliminar energías negativas de tu cuerpo y tus espacios

El peor enemigo de nuestra energía es el pensamiento negativo. La autocrítica, el juicio y las palabras de baja vibración que nos decimos hacen que nuestro cuerpo físico, mental y emocional se cargue y nuestro campo energético se nuble. Así es que cuando decimos cosas como "¡No puedo!", "¡Eso es imposible!" o "No lo merezco", lastimamos nuestra energía y bloqueamos el flujo de la abundancia. Debemos ser conscientes de que nuestros pensamientos y palabras moldean la realidad que vivimos, afectan nuestra energía y la de nuestro entorno. Por eso es normal que los espacios donde conviven varias personas a menudo se sientan algo "cargados". Hay una cantidad de pensamientos y palabras que se reúnen allí y el promedio de la vibración de todos ellos da como resultado la frecuencia general del lugar. De ahí que muchas veces entremos a algún sitio y digamos: ¡Qué pesado se siente el ambiente!

Lo fácil sería juzgar a los demás, decir que tal persona tiene "mala vibra", que tal otra es muy negativa o que fulano drena nuestra energía. Sin embargo, antes de señalar a los otros, te invito a que tomes conciencia de tu responsabilidad en la situación y revises tus palabras y pensamientos. Es cierto que existen personas quejumbrosas o malhumoradas que, sin querer, "contagian" a los demás con su baja frecuencia. Pero también es cierto que nosotros tenemos el poder para mantenernos centrados en una vibración de amor. Por eso es indispensable que en esos casos te mantengas alerta y cuides tu vibración. En lugar de seguirles el juego negativo a esas personas y de darle poder a su estado de ánimo, reconoce cuánta participación has tenido en la situación, eleva tu frecuencia energética y mantente positivo(a) y en la energía del amor.

Adicionalmente, te recomiendo que periódicamente hagas una limpieza de los espacios que frecuentas, como tu casa y tu entorno laboral. Así como los seres humanos absorbemos energías, también los espacios se cargan de ellas, especialmente si allí ocurren discusiones o peleas, o si han albergado personas enfermas, tristes, con rabia... Esta carga energética genera bloqueos que afectan la abundancia y el éxito, y por eso te aconsejo limpiar la energía de tus ambientes con cierta frecuencia. ¿Cómo?

Puedes utilizar la autoterapia del reiki angelical para modificar y limpiar tu energía. Con esta herramienta es posible eliminar cualquier densidad que pueda bloquear tu campo energético y la de tu entorno. Lo más importante es que a través de la técnica lograrás entender que realmente no existe nada que pueda entrar en tu campo energético sin tu permiso y que, cuando decides cuidar tu energía, puedes mantener la frecuencia perfecta para crear la realidad que elijas. Ahora que sabes eso, piensa bien la próxima vez que digas cosas como "¡Qué mala suerte tengo!" o "¡Estoy en una mala racha!". Mejor pregúntate qué parte de ti creó la realidad que estás viviendo y que no te gusta, y acto seguido corrige tu vibración y limpia tu campo energético y tus espacios con la ayuda del reiki angelical. Más adelante verás cómo.

El caso de Juan Pablo

Juan Pablo, un hombre de 35 años, trabajaba en una empresa muy prestigiosa del país donde ostentaba un importante cargo. Cuando llegó a mi consultorio me contó que el ambiente laboral en el que trabajaba era muy desagradable. Se quejó de su jefe, de sus compañeros de trabajo, de los clientes, del sueldo, y renegó de la gran carga laboral que tenía y de lo estancado que se sentía en su trabajo. Me expresó que no había dormido casi nada en el último mes, que ni los somníferos lo ayudaban. Me dijo que se sentía cargado con la envidia de muchos de sus colegas y que percibía una gran energía negativa en su empresa. Estaba tan aburrido y tan tenso, que la situación ya empezaba a repercutir en su plano familiar.

Le pedí que se recostara en la camilla y le propuse que limpiáramos la energía de ese espacio y la que él había absorbido de su ambiente laboral con reiki angelical. Él me miró sorprendido, pero accedió. Le pedí que se recostara en la camilla y lo guie con una meditación. Pedí ayuda a los arcángeles Rafael y Miguel, pues sentía que, con tanta rabia y frustración, Juan Pablo estaba ayudando a crear para él y para su entorno esa energía negativa de la cual culpaba únicamente a los otros.

Al terminar la terapia, le pedí que se incorporara, pero me dijo que se sentía en tal estado de relajación que no estaba listo para regresar. Se había relajado tanto, que se había desconectado y aún se encontraba en un placentero entresueño. Pasaron unos minutos antes de que pudiera levantarse. Cuando lo hizo me dijo muy conmovido: "¡Qué gran descanso! ¿Cuánto tiempo dormí?".

Me contó que, durante la terapia, se había visto visitando su actual trabajo acompañado por el arcángel Miguel.

Se había sentido agradecido por su trabajo y por todo lo que esa empresa le había permitido crecer económicamente. La terapia lo había llevado a tener un sueño reparador que había limpiado su energía. Lo había liberado y le había hecho entender que, aunque a veces nos topamos con personas de baja vibración, cada quien es libre de elegir si permite que las frecuencias negativas contagien su energía.

Le sugerí que realizara la autoterapia que comparto más adelante y que agradeciera todos los días por su trabajo y su vida familiar, pues la clave para mantener limpia nuestra energía es cultivar una mente positiva. Juan Pablo empezó a apreciar su trabajo y poco a poco la relación con su jefe y su entorno mejoró. El cambio que él había propiciado en su propia energía hizo que el ambiente se tornara más amable. Esto se vio reflejado positivamente en su desempeño y en su relación con sus clientes y colegas.

Test

1. ¿Te sientes incómodo(a) o con sensación de agobio en tu hogar o espacio laboral?
2. ¿Permaneces cansado(a) o con baja energía?
3. ¿Sufres de insomnio y te cuesta motivarte?
4. ¿Sientes que tu economía está estancada y que la suerte no te acompaña?
5. ¿A menudo sientes que la gente "roba tu energía"?

Si respondiste "Sí" a una o más de estas preguntas, los siguientes ejercicios son para ti.

Ejercicio: Limpio mi cuerpo de energías negativas

Símbolo: Sei Hei Ki
Arcángel: Miguel
Chakras que equilibro: Todos
Objetos que necesitas: Agua, sal marina, vinagre de manzana, hoja de papel, lápiz

» Prepara un litro de agua caliente con tres cucharadas de sal marina y tres cucharadas de vinagre de manzana. La sal es un elemento purificador y el vinagre, un limpiador natural de energías negativas y larvas astrales. Viértela en una vasija y tápala.

» Toma tu carta Sei Hei Ki y ponla sobre la tapa de la vasija.

» Escribe en una hoja de papel: "Arcángel Miguel, limpia mi cuerpo físico, mental y emocional. Libérame de las energías que no provienen del amor, llena mi campo vital, espiritual, mental y emocional de perfecta energía de amor. Gracias, gracias, gracias".

» Deja la hoja de papel y la vasija cerca de ti, quítate los zapatos y camina descalzo(a) un buen rato. Si puedes hacerlo sobre el pasto o sobre la tierra, sería ideal. Si no, puedes hacerlo sobre el suelo de tu casa*.

» Párate quieto(a) en el lugar que más te guste, sintiendo cómo la tierra te sostiene y conectándote con ella.

» Respira relajado(a) por tres minutos. En la inhalación, trae mentalmente la energía de la tierra a tus pies y, en la exhalación, descarga las malas energías.

---

* Esta práctica se conoce con el nombre de *earthing* o "enraizamiento", y es una técnica antiquísima que se usa para descargar la contaminación electromagnética del cuerpo a través del contacto físico con la naturaleza. Esta tradición existe hace más de 5000 años y ha sido practicada por budistas, musulmanes, egipcios, cristianos, hinduistas, indígenas americanos y otros miembros de culturas espirituales y religiosas.

» Comprueba que el agua de la vasija tiene una temperatura agradable, ponla sobre el suelo, siéntate en una silla y pon tus pies dentro.
» Con tus pies dentro de la vasija, repite tres veces la oración que escribiste en la hoja de papel y quédate un rato visualizándote en absoluta abundancia. Quédate ahí todo el tiempo que quieras.
» Saca tus pies de la vasija y sécalos amorosamente con una toalla limpia. Date un masaje en los pies con una crema o un aceite esencial. Siente que estás estimulando los puntos energéticos y las terminaciones nerviosas de tu cuerpo con tus manos amorosas.
» Agradece por la perfecta energía en que te encuentras: "Gracias, gracias, gracias".

Ejercicio: Limpio mi espacio de energías negativas

Símbolos: Sei Hei Ki, Cho Ku Rei
Arcángeles: Miguel, Uriel
Chakras que equilibras: Todos
Objetos que necesitas: Vela azul, vela roja, atomizador, sal marina, vinagre de manzana, vinagre de alcohol, limón, flores blancas, flores de colores, incienso de canela o sándalo

» Tómate al menos una hora para ordenar y limpiar el exceso de ropa, papeles y objetos que ya no uses. Cerciórate de que no haya abarrotamientos de ningún tipo en ningún lado, ni siquiera en los clósets, rincones, esquinas o lugares no visibles de tu casa o lugar de trabajo. Esto permitirá que la energía se renueve y la energía de la abundancia pueda fluir.
» Haz un plan para regalar o donar los artículos que ya no uses, pues al hacerlo activas el flujo del dar y el recibir.

- » Cuando el sitio se encuentre en orden, da inicio a la limpieza energética. Pon flores blancas y prende una vela azul como homenaje al arcángel Miguel por la limpieza que hará con la sutil y amorosa energía del reiki angelical.
- » En un atomizador, pon tres cucharadas de vinagre de alcohol, tres gotas de limón y tres cucharadas de sal marina.
- » Toma tu carta Sei Hei Ki y ponla sobre la preparación diciendo: "Arcángel Miguel, purifica cada rincón de este espacio llenándolo de energía de amor y abundancia. Permite que los elementales de este frasco transmuten cualquier energía que esté interfiriendo en mi abundancia y éxito. Gracias, gracias, gracias".
- » Rocía con el atomizador todas las esquinas de tu casa.
- » En un vaso de cristal pon agua con vinagre de manzana. Tápalo con la carta Sei Hei Ki mientras repites la oración de limpieza: "Arcángel Miguel, purifica cada rincón de este espacio llenándolo de energía de amor y abundancia. Permite que los elementales de este frasco transmuten cualquier energía que esté interfiriendo en mi abundancia y éxito. Gracias, gracias, gracias".
- » Deja el vaso cerca a la entrada de tu casa o lugar de trabajo durante un día.
- » Ahora que tu espacio está limpio energéticamente, para programar la abundancia prende una vela roja como homenaje al arcángel Uriel.
- » Enciende una barra de incienso de canela o sándalo y deja que el humo llene el espacio.
- » Toma la carta Cho Ku Rei y repite la siguiente oración de abundancia: "Amado arcángel Uriel, te amo y te bendigo. Remueve cualquier impedimento que pueda estar bloqueando mi energía. Hoy te pido con fe que

llegue a mi vida y a mi entorno la perfecta energía de la abundancia y el éxito. Proyecta tu luz rojo rubí y deja que la abundancia entre en mi vida. Gracias, gracias, gracias".

» En los días siguientes, trata de mantener flores frescas de distintos colores en el espacio. Deja puertas y ventanas abiertas y deja que entre la luz solar. Usa con frecuencia la oración de limpieza al arcángel Miguel que utilizaste en este ejercicio, seguida de la oración de la abundancia al arcángel Uriel. Esto ayudará a que la energía se mantenga fluyendo en tu espacio.

Meditación: Me sumerjo en el océano de la abundancia

Símbolos: Sei Hei Ki
Arcángel: Miguel
Chakras que equilibras: Todos
Objetos que necesitas: Vela azul

» Ve a tu lugar de meditación y enciende la vela azul. Pon música de fondo, si lo deseas.
» Toma la carta Sei Hei Ki para liberar cualquier bloqueo y abrir la puerta a la abundancia. Puedes dejarla cerca de ti o ponerla sobre tu regazo.
» Cierra tus ojos, toma tres respiraciones profundas para llevar el aire mentalmente a tu abdomen con la inhalación y exhala lentamente. Siente el latir de tu corazón.
» Concéntrate en tu cuerpo físico y siente que se derrite como si fuera de mantequilla.
» Visualiza que te encuentras a la orilla del mar y siente cómo las olas mojan tus pies. Camina sereno(a) y tranquilo(a), adentrándote en sus aguas.

» Imagina que te sumerges en el mar y ve hacia lo más profundo. Observa la belleza y riqueza del océano. Los peces y los animales te respetan y simplemente te observan mientras tú te sientes pleno(a) y limpias tu cuerpo con la sal del agua. Disfruta el momento.
» Visualiza que dentro del mar se encuentra el arcángel Miguel y con una poderosa luz azul en forma de espiral limpia tu cuerpo físico, mental y emocional.
» Agradécele con tus palabras y permite que él te regrese a la orilla del mar en completa felicidad y con tu energía en perfecto estado.
» Imagina que caminas sereno(a) y tranquilo(a) por la arena tibia y concéntrate en tu respiración.
» Cuando estés listo(a) toma conciencia de tu cuerpo físico y, en estado de felicidad y amor, abre tus ojos y pronuncia tu nombre tres veces. Después di: "Yo soy la energía perfecta de Dios. Yo soy abundancia infinita".
» Agradece: "Gracias, gracias, gracias".

Nota: Además de nivelar y mantener nuestra frecuencia energética en óptimo estado, la meditación logra limpiar e impregnar de energía de amor el entorno donde la practicamos.

Decreto

"Arcángel Miguel, gracias por mantener mi energía y la de mi entorno en armonía y en perfección. Confío en tu luz protectora y en tu constante presencia. Gracias, gracias, gracias"*.

* Pon la carta Cho Ku Rei sobre tu corazón para potencializar este decreto y repítelo durante 21 días. De esta manera tu mente integrará su energía plenamente.

CAPÍTULO VI

Reiki angelical para identificar tus talentos y convertirlos en fuente de riqueza

El talento está asociado a la habilidad innata que tenemos de realizar una actividad sin dificultad y disfrutar plenamente el proceso. La mayoría de las veces tenemos claro cuáles son los dones con los que venimos al mundo, pues estos por lo general se revelan desde muy temprana edad y son evidentes para nosotros mismos y para los demás. Sin embargo, la sociedad en la que vivimos y la educación que recibimos no siempre nos enseña cómo emplear esos talentos en el mundo real y por eso muchas personas sienten que para ganarse la vida deben dedicarse a otro tipo de actividades, aunque no las disfruten y estén lejos de los dones originales que les fueron dados. Esto es bastante contradictorio, pues, desde el punto de vista espiritual, ejercer nuestros talentos no solo es lo que nos hace más felices, sino que además es la llave de oro para recibir abundancia infinita.

Si te sientes triste e insatisfecho(a) con respecto a la forma como te ganas la vida, si sientes que tu trabajo no tiene sentido y que el tiempo pasa y tú sigues sin llevar a cabo lo que siempre has soñado, este capítulo es para ti. Es hora de que replantees tus creencias sobre la relación entre tus talentos y el dinero, y descubras que la verdadera abundancia fluye cuando dedicas tu tiempo y tu energía a hacer las cosas que te generan gozo y felicidad.

Sé que esto puede generar miedo y angustia en un principio, pues estamos acostumbrados a hacer todo lo contrario, pero no te preocupes, no es necesario que hagas cambios radicales e impulsivos ya mismo. Para empezar, basta con tener clara tu intención de encontrar un trabajo donde puedas ejercer tus talentos, y con que entiendas que el lugar donde te encuentras es parte de tu búsqueda y te servirá de guía para dar el siguiente paso.

El reiki angelical te ayuda a conectar con tu interior y pierdes el miedo a encontrar y explotar los talentos. La energía sutil y amorosa de esta autoterapia limpia tu campo energético para que venzas el miedo y te des el permiso de recibir el bienestar que llega a tu vida cuando decides desarrollar tus talentos. Esa es la clave para materializar la abundancia y el éxito que deseas obtener.

El caso de Luna

Luna creció en una familia de abogados exitosos. Desde niña sus padres le hablaban de lo buena abogada que ella sería al crecer. Su vida profesional estaba ya prácticamente programada: Luna sería abogada, como su padre, su abuelo y su hermana mayor, y entraría a formar parte de la firma de abogados de la familia. Y así fue. Cuando se graduó de Derecho en su ciudad, viajó fuera del país a hacer una especialización. La carrera le resultaba fácil y adicionalmente contaba con la guía y ayuda de sus parientes.

Cuando inició la especialización se dio cuenta de que le quedaba tiempo libre, así que se le ocurrió encontrar un pasatiempo que le apasionara. Entonces resolvió tomar clases de repostería. Siempre se le había facilitado la cocina y le gustaba mucho preparar postres. Pasaron dos años y llegó el momento de regresar a su ciudad. Luna solo pensaba en lo mucho que extrañaría sus clases de repostería, pues ninguna otra cosa en la vida la hacía tan feliz. Había descubierto que tenía un talento especial para cocinar y que eso era lo que la apasionaba.

Al llegar a su ciudad, la familia le tenía una gran fiesta. Su padre y su abuelo querían entregarle oficialmente la oficina y el nuevo cargo en la firma. Por miedo a desilusionarlos, Luna tomó la oferta y mantuvo en secreto su amor y su talento para la repostería. Sus días eran eternos. Estaba desencantada de su profesión, le aburría lo que hacía y su corazón le pedía a gritos que desistiera de trabajar como abogada. Cada vez era más claro que su deseo era montar una cadena de pastelerías donde ella pudiera crear postres y disfrutar haciendo lo que amaba.

Unos meses más tarde Luna empezó a portarse de forma huraña. Trataba mal a sus subalternos, era déspota con los clientes de la firma y se atrasaba en las entregas. La relación con su familia se tornó tormentosa y se enfermaba con frecuencia. Preocupado por el estado en que se encontraba, algún pariente le sugirió que viniera a tomar sesiones de reiki angelical a mi consultorio.

Luna fue completamente honesta conmigo desde el instante en que llegó a la terapia. Me expresó que odiaba la Abogacía, que ella nunca la hubiera elegido y que no tenía el carácter para decirle a sus padres que quería ser repostera. Le practiqué reiki angelical y le hice una meditación con los arcángeles Rafael y Gabriel. Pedí que la inspiraran con el don de la palabra para que, de manera amorosa y sin miedo, pudiera expresarle a sus padres la necesidad que sentía de desarrollar su talento sin que esto causara desunión familiar ni rencor de ninguna clase. Al poco tiempo de la sesión, Luna me llamó emocionada a contarme la noticia: había logrado comunicarle a su familia su decisión de retirarse y crear el negocio de sus sueños. Tal había sido el amor y la convicción con la que había hablado de su talento, que sus padres la apoyaron y respetaron amorosamente su decisión. Actualmente, Luna tiene una cadena de pastelerías de gran éxito y prestigio que, además de hacerla plena y feliz, le ha traído gran abundancia a ella y a su familia.

Test

1. ¿Llevas más de un año sin preguntarte para qué eres bueno(a)?
2. ¿Sientes que el oficio que desempeñas está alejado de tus verdaderos talentos?
3. ¿Te refieres de forma negativa a la actividad que realizas para ganarte la vida?
4. ¿Sientes que la rutina te está deprimiendo?
5. ¿Te gustaría ganarte la vida haciendo algo diferente de lo que haces?

Si respondiste "Sí" a una o más de estas preguntas, los siguientes ejercicios son para ti.

Ejercicio: Reconozco mis talentos

Símbolo: Cho Ku Rei
Arcángel: Gabriel
Chakras que equilibras: Entrecejo, corazón y plexo solar
Objetos que necesitas: Lápiz

» Toma tu carta Cho Ku Rei y ponla en tu corazón.

» Repite esta oración al arcángel Gabriel para que te ayude a encontrar tus talentos y a desarrollarlos: "Amado arcángel Gabriel, con fe te pido fortalezcas mi inspiración y elimines de mi mente el miedo. Con tu mano guíame al encuentro de mis talentos para desarrollar la actividad que me conecte con el éxito y la abundancia que el Universo tiene reservados para mí. Gracias, gracias, gracias".

» Contesta honestamente los siguientes puntos:

✓ ¿Qué tan a menudo te preguntas por lo que te gusta hacer?

____

____

✓ Si pudieras elegir con qué actividad ganarte la vida, ¿qué elegirías?

____

____

✓ ¿Cuáles son los temas sobre los que más te gusta hablar, sobre los que más investigas y sabes?

____

____

✓ ¿Existe alguna actividad que te haga perder la noción del tiempo? ¿Cuál?

____

____

✓ Enumera dos cosas en las que te consideras muy bueno(a).

1. ____

____

2. ____

____

✓ Enumera dos cosas a las que te gustaba jugar cuando eras niño(a).

1. ____

____

2. ____

____

✓ Enumera dos de las cualidades que más te gustan de ti.

1. ____

____

2. ____

____

✓ Enumera dos cosas en las que la gente te dice que eres excelente.

1. ____

____

2. ____

____

» Después de contestar estas preguntas lee tus respuestas por lo menos tres veces. Reflexiona sobre ellas. ¿Puedes ver relación entre unas y otras? ¿Qué te dicen sobre la naturaleza de tus talentos? Conéctate con ellos.

AUTOTERAPIA: VENZO EL MIEDO, CONECTO CON LA FUERZA DEL CORAZÓN

Símbolo: Cho Ku Rei
Arcángeles: Gabriel, Jofiel
Chakras que equilibras: Plexo solar y raíz
Objetos que necesitas: Vela blanca, flor amarilla

Así sientan que el oficio que efectúan les causa tedio y les genera intranquilidad e insatisfacción, muchas personas dejan de hacer las cosas que les generan felicidad y en las que pueden desarrollar sus talentos. ¿Por qué? Por miedo. ¿A qué? A lo desconocido, al cambio, a la escasez, a empezar de cero. Por eso es importante que, después de tener claros tus talentos, trabajes en eliminar el miedo. Esta autoterapia te servirá para conectarte con la inspiración y la fuerza del corazón, para transformar el miedo y empezar a desarrollar tus talentos, y permitir que lleguen a ti la abundancia y el éxito.

» Ve a tu sitio de meditación, prende una vela blanca y pon una flor amarilla como homenaje a los arcángeles. Pon música para meditar, si lo deseas.
» Toma tu carta Cho Ku Rei e invoca la presencia de los arcángeles Gabriel y Jofiel.
» Toma tu lápiz y escribe una carta a los arcángeles Gabriel y Jofiel pidiéndoles que te despierten la vocación para desarrollar tus talentos y te ayuden a manejar tus emociones y especialmente a eliminar el miedo. Exprésales que quieres llenarte de inspiración para crear emprendimientos y generar abundancia a partir de tus talentos. Pide que te conecten a la fuente de la abundancia.

» Lee la carta y, por un día, deja el símbolo Cho Ku Rei sobre ella para potencializar tus deseos.
» Al día siguiente léela de nuevo y finaliza diciendo: "Yo soy talentoso(a), creativo(a) y abundante. Gracias, gracias, gracias".

Meditación: mis talentos generan mi abundancia ilimitada

Símbolo: Sei Hei Ki
Arcángeles: Gabriel, Jofiel
Chakras que equilibro: Todos
Objetos que necesito: Vela blanca, flor amarilla

» Ve a tu sitio de meditación, prende una vela blanca y pon una flor amarilla como homenaje a los arcángeles. Pon música para meditar, si lo deseas.
» Toma tu carta Sei Hei Ki para liberar cualquier bloqueo y abrir la puerta a la abundancia. Déjala cerca de ti o sobre tu regazo.
» Cierra tus ojos. Toma tres respiraciones profundas llevando el aire a tu abdomen y exhala lentamente. Siente el latir de tu corazón.
» Concéntrate en tu cuerpo físico y siente que se derrite como si fuera de mantequilla.
» Visualiza que te encuentras a la orilla del mar y siente cómo las olas mojan tus pies. Camina sereno(a) y tranquilo(a).
» Imagina que en tu caminar te encuentras con los arcángeles Gabriel y Jofiel. Puedes imaginarlos como dos rayos de luz (blanca, para Gabriel, y amarilla, para Jofiel), o como dos personas. Salúdalos y exprésales con amor que sientes su vibración y compañía.
» Visualiza que cada uno de ellos te toma de una mano.

- Observa la belleza del paisaje y siente un hermoso estado de paz y armonía.
- Visualiza que se sientan los tres a la orilla y experimentas las olas en los pies. Háblales. Exprésales cuáles son los talentos que quisieras desarrollar y cómo te imaginas que puedes hacerlo.
- Cuando termines la conversación, párate frente al mar y permite que los dos arcángeles te abracen, te llenen de su luz y te impregnen con el valor para actuar.
- Imagina que ya has actuado y que te encuentras en gratitud y dicha al emplear tus talentos. Siente el gozo que te genera haber actuado.
- Visualiza que los arcángeles te abrazan y te envuelven con su luz. Agradece por su guía y amor, a sabiendas de que ellos estarán siempre que los necesites para apoyarte.
- Poco a poco regresa a la conciencia de tu respiración y siente tu cuerpo físico. Cuando estés listo(a) abre tus ojos.
- Agradece: "Gracias, gracias, gracias".

Decreto

"Desde este instante y para siempre elijo estar bien. Desde este instante y para siempre me permito desarrollar mis talentos para sentir gozo y felicidad. Así es, aquí y ahora. Gracias, gracias, gracias"*.

* Pon la carta Cho Ku Rei sobre tu corazón para potencializar este decreto y repítelo durante 21 días. De esta manera tu mente integrará su energía plenamente.

CAPÍTULO VII

Reiki angelical para programar el trabajo perfecto para ti

Cuando quieras materializar el empleo ideal para ti, debes empezar por reprogramar el pensamiento, ya que la mente subconsciente crea realidades con base en las experiencias pasadas, sean buenas o malas. Es por esta razón que yo digo que "buscar trabajo es un trabajo". Un trabajo que debes realizar a nivel mental, emocional, espiritual y físico.

Lo primero y más importante es organizar con claridad tu mente y preguntarte: "¿Cuál es el trabajo de mis sueños? ¿Cuál es la actividad laboral que me dignifica, me apasiona y pone en buen uso mis talentos?". Debes responder esto desde el corazón, visualizando ese trabajo como si ya lo tuvieras, sin ponerle obstáculos a tu pensamiento, sin condicionarte, sin permitir que vengan a ti pensamientos limitantes.

Lo primordial es que tengas el pensamiento claro con respecto a lo que quieres programar laboralmente. Eso, más una mente positiva y la intención de servir y poner en práctica tus talentos, son las variables de la fórmula perfecta para encontrar el empleo ideal para ti. Recuerda que el Universo sabe lo que necesitas y cuando tienes claridad y pides con fe y positivismo, te lo entrega de forma abundante.

El caso de Martín

Martín llegó a mi consulta desesperado. Durante los primeros 15 minutos solo se quejó de la situación del país, hablaba enfurecido de política, economía actual y las altas tasas de desempleo. Permití que sacara toda su inconformidad y le pregunté por qué creía que, si la situación de desempleo era generalizada, había personas exitosas en el campo laboral. Él me contestó más irritado todavía: "Eso es factor de suerte, yo no tengo trabajo por culpa de mi mala suerte". Le pregunté entonces que quién creía que "concedía" la suerte. "Debe ser Dios", dijo enfurecido. Siguiéndole el juego, le dije que yo creía que Dios estaba muy ocupado generando amor para todo el cosmos como para ponerse a impartir mala suerte. "A Él no le gusta lidiar con la suerte de nadie y es por eso que nos dio libre albedrío, para que fuéramos nosotros mismos quienes creáramos nuestra realidad", le dije.

Martín se quedó completamente mudo y me respondió: "Entonces cómo me encargo ahora de quitarme mi mala suerte?". Le respondí: "Es fácil. Solo dale poder a la buena suerte a través de tu pensamiento y tu palabra". Le propuse practicar los ejercicios que comparto a continuación y le hice terapia de reiki angelical. Cuando terminó la meditación, me abrazó y me dijo: "Tienes razón, yo solo me quejo, tengo que trabajar en mí para elegir cada día ser abundante y exitoso".

Me sentí muy complacida con su abrazo y comentario, pues cuando uno reconoce por sí mismo el estado de queja y lo quiere corregir, los ángeles nos asisten para transformar los pensamientos negativos en positivos y nos ayudan a mantenernos en frecuencias positivas. Los arcángeles Rafael y Uriel le recordaron a Martín que solo él puede crear y manifestar el trabajo perfecto para él. No pasaron más de tres meses antes de que encontrara el empleo ideal, acorde con sus talentos, su experiencia y su deseo salarial. Había tomado en sus manos su destino laboral y el Universo había respondido a ese cambio de vibración fundamental.

TEST

1. Si pudieras escoger otro trabajo diferente al que tienes ahora, ¿lo harías sin miramientos?
2. ¿Crees que no existen buenas oportunidades laborales para ti?
3. ¿Llevas más de tres meses buscando trabajo y aún no has encontrado el empleo perfecto para ti?
4. ¿Eres infeliz en el trabajo que tienes, pero no haces nada por remediar la situación?
5. ¿Te da miedo soltar el empleo que tienes ahora porque crees que no encontrarás uno mejor?

Si respondiste "Sí" a una o más de estas preguntas, los siguientes ejercicios son para ti.

EJERCICIO: PROGRAMO EL TRABAJO PERFECTO PARA MÍ

Símbolo: Cho Ku Rei
Arcángel: Uriel
Chakras que equilibras: Entrecejo, plexo solar, raíz
Objetos que necesitas: Hoja de papel, lápiz

» Siéntate cómodamente y examina en tu interior qué es lo que deseas obtener en tu vida laboral. Pregúntate cosas como:
  » ¿Cuál es el trabajo de mis sueños?
  » ¿Qué sueldo quiero ganar?
  » ¿Con qué personas me imagino interactuando en ese trabajo?

- » ¿Qué tipo de actividades realizo en ese empleo?
  - » ¿Cómo me siento realizando ese trabajo?
  - » ¿En qué espacio realizo ese oficio?
  - » ¿Cómo es el horario que debo cumplir en ese trabajo?

» En una hoja de papel escribe una carta de pedido al Universo que incluya las respuestas a esas preguntas. Sé lo más específico(a) que puedas.

» Finaliza la carta con esta oración: "Arcángel Uriel, intercede para que a mi vida llegue y se manifieste el trabajo que me genere pasión, felicidad y abundancia. Desde este instante ese es mi deseo y en tu intermediación confío. Gracias, gracias, gracias".

» Relee tres o más veces lo que escribiste. Si deseas aumentar o corregir a medida que lees, hazlo, hasta que te sientas cómodo(a) y completamente convencido(a) de que ese es el trabajo que quieres atraer.

» Toma tu carta Cho Ku Rei y ponla en tu corazón. Toma varias respiraciones profundas, inhalando y exhalando con amor. Relaja tu cuerpo físico.

» Experimenta lo que sentirás cuando obtengas ese empleo. Imagínate disfrutando de toda la abundancia que obtienes a partir de ese trabajo. Revive el sentimiento y disfrútalo. Agradece cada detalle como si ya se te hubiera concedido.

» Repite: "Arcángel Uriel, acompáñame al encuentro del trabajo perfecto para mí. Acompáñame en el camino hacia la abundancia, el éxito y la felicidad. En ti confío".

» Cuando estés listo(a), abre tus ojos y repite esta afirmación: "Yo soy abundancia y éxito ilimitado. El Universo me provee la abundancia que yo elijo a través de mi trabajo".

» Memoriza la afirmación anterior y repítela varias veces al día, así tu mente se familiarizará con el pensamiento positivo.
» Agradece: "Gracias, gracias, gracias".

Nota: Guarda la carta, pues es indispensable para la autoterapia y la meditación que siguen a continuación.

Autoterapia: Potencializo mi intención

Símbolo: Cho Ku Rei
Arcángel: Uriel
Chakras que equilibras: Todos
Objetos que necesitas: Carta del ejercicio de este capítulo, sobre, lápiz

» Toma la carta del ejercicio anterior y reléela.
» Toma la carta Cho Ku Rei y ponla durante una noche entera sobre la carta que escribiste pidiéndole al arcángel Uriel que potencialice tu intención.
» Al día siguiente métela en un sobre y en su dorso escribe: "Merezco la abundancia que el Universo me otorga".
» Dobla el sobre y guárdalo dentro de tu billetera o en tu cartera. Asegúrate de que la carta esté contigo donde quiera que vayas.
» Durante siete días pon una alarma tres veces al día en tu celular. Cuando esta suene, detén la actividad que estés haciendo y saca el sobre con la carta.
» Con la carta entre tus manos, céntrate en ti. Respira tres veces, inhalando y exhalando profundamente. Lee la frase que está en el dorso del sobre, luego ábrelo, saca la carta y léela.

» Cierra tus ojos y visualiza la luz rojo rubí del arcángel Uriel rodeándote para potencializar tu intención de encontrar el trabajo perfecto para ti.
» Repite: "Hecho está. Gracias, gracias, gracias".

Meditación: Sueño y materializo

Símbolo: Cho Ku Rei
Arcángel: Uriel
Chakras que equilibras: Todos
Objetos que necesitas: Carta del ejercicio de este capítulo, vela dorada, incienso de canela

» Ve a tu sitio de meditación y prende la vela dorada y el incienso de canela. Pon música de fondo, si así lo deseas.
» Toma tu carta Cho Ku Rei y ponla sobre tu corazón.
» Cierra tus ojos y céntrate en tu respiración. Inhala lenta y profundamente y exhala con amor muy lentamente. Relaja tu cuerpo físico, siente que se derrite como mantequilla desde tu cabeza hasta tus pies y siéntete muy liviano(a).
» Pide con amor al arcángel Uriel que abra los canales de la energía de la abundancia en tu interior y elimine para siempre cualquier bloqueo que impida la abundancia y la prosperidad.
» Visualízate en una montaña muy alta donde todo está florecido. Siente el aroma de la naturaleza, observa los hermosos árboles que bailan con el viento, contempla la belleza del paisaje. Experimenta la paz y alegría que te genera estar ahí. Siente que formas parte de ese hermoso paisaje.
» Imagina que miras el cielo y que ves al arcángel Uriel venir hacia ti. Salúdalo y experimenta su presencia y

su amor. Siente que toca tu espalda y salen de ti dos hermosas alas de color rojo rubí. Él te toma de la mano y los dos se elevan disfrutando de la libertad. Abandónate al viento sintiendo su frescura en tu piel. Desde lo más alto del cielo observa la riqueza de la tierra, los mares, las montañas, los ríos y toda la riqueza que posee el Universo. Agradece reconociendo que esa riqueza está ahí para ti.

» Regresa a la montaña con el arcángel Uriel y visualiza que él te lleva de la mano hacia el espacio donde a partir de hoy ejercerás tu trabajo.
» Visualízate experimentando todas las características del empleo que pediste en la carta del ejercicio de este capítulo. Siente la alegría y gratificación que ese empleo te genera.
» Cuando estés listo(a), abre tus ojos con la certeza de que mereces ese trabajo y de que estás siendo guiado(a) hacia él.
» Agradece: "Gracias, gracias, gracias".

DECRETO

"Merezco la abundancia laboral que el Universo me proporciona. Es para mi beneficio, me pertenece y la recibo con felicidad y amor. Gracias, gracias, gracias"*.

* Pon la carta Cho Ku Rei sobre tu corazón para potencializar este decreto y repítelo durante 21 días. De esta manera tu mente integrará su energía plenamente.

CAPÍTULO VIII

Reiki angelical para superar un despido laboral y transformarlo en un gran inicio

Si acabas de vivir un despido laboral, probablemente estés confundido(a), pensando qué harás, cuestionando tu talento o sintiendo que es lo peor que te puede haber pasado en la vida. Te entiendo. Este es un momento difícil, pues muchas veces un despido se siente como un ataque personal, que atenta contra la propia integridad física, mental y emocional. Sin embargo, te invito a que veas esta situación como una oportunidad, como un regalo envuelto en un papel que hoy no te gusta pero que es una bendición. Si por un instante te permites dejar de cuestionar la situación por la que estas pasando y objetivamente buscas algo favorable que puede resultar de no tener más ese trabajo, estoy segura de que te sorprenderás. Haz esto sin pensar en la escasez, sin sentir miedo o ansiedad por la situación en que te encuentras. Considera por un segundo la posibilidad de que esta crisis no sea otra cosa que una invitación para que desarrolles tus talentos y tu ingenio, para conectarte con la abundancia a través de lo que amas hacer. ¿Y si así fuera?

Todos tenemos cualidades y capacidades para ser abundantes y exitosos. Si un jefe o una empresa eligió despedirte, ese hecho no te define. Nadie puede quitarte tu don de crear tu propia realidad y mucho menos de desarrollar tus dones, talentos y cualidades. Que alguien prescinda de tus servicios no significa que no los requieran en otro lado. Tu capacidad de triunfar, ser exitoso(a) y abundante no depende de nada externo y es inagotable. No caigas en la trampa de confundir la situación en la que te encuentras con la persona que eres. La situación pasará y tú seguirás siendo tú, solo que habrás ganado más claridad sobre quién eres, para qué eres bueno(a) y cómo y dónde te gustaría aportar. Claro está, si logras convertir este momento de crisis en un punto de partida para resurgir y alinearte con tus talentos y tu propósito de vida.

Quiero darte ejemplos de personas famosas que convirtieron un despido en la perfecta oportunidad para volverse sumamente exitosas. Estoy segura de que quienes despidieron a estas personas en su momento jamás imaginaron el favor que les estaban haciendo. ¡Y de lo que se estaban perdiendo! A Walt Disney lo despidieron dizque por falta de imaginación. Madonna fue despedida de Dunkin' Donuts en su primer día de trabajo supuestamente por haberle contestado mal a un cliente que no la trató debidamente. Lady Gaga fue despedida de su primer sello discográfico con cualquier excusa y Mozart fue despedido como músico en la corte del príncipe de Salzburgo. ¿Sería por ser mal músico? Supongo que ellos tampoco se sintieron felices de haber pasado por eso, pero en vez de sentirse frustrados, siguieron con su vida, confiando en su talento y usando el precedente para alinearse con su verdadero propósito, al punto de convertirse en hitos de la historia y la cultura mundial.

He escrito este capítulo especialmente para ti. Tú también puedes superar esta situación y resurgir de ella con más fuerza. Recupera tu valor propio, reconoce tus talentos y mira esta situación bajo una nueva perspectiva. Quizá los ángeles te están llamando a entregar tu luz en otro lado, tal vez eres requerido(a) en un trabajo más acorde con tus talentos. Considera esto y toma esta situación como un impulso divino en el camino hacia la manifestación de la abundancia en tu vida.

El caso de David

David fue despedido de su trabajo por tener muy mala relación con su jefe directo. La noticia lo sorprendió, pues él sabía que su relación era mala, pero consideraba que su trabajo era impecable. Se encontraba muy angustiado, pues su esposa se encontraba en licencia de maternidad y, como pareja, habían decidido que ella renunciaría a su trabajo una vez ese período terminara para quedarse en casa cuidando a su primer hijo.

El día que lo despidieron, David volvió a casa sintiéndose completamente derrotado, con la autoestima por el suelo, en estado de pánico. Su esposa tomó la situación con más calma, le expresó que ella lo apoyaba y le sugirió que buscaran empleo tranquilamente, pero David no quería escucharla. Siguió renegando de la situación, se llenó de miedo y, con el paso de los días, se deprimió. El dinero empezó a escasear y la relación matrimonial empezó a deteriorarse.

Su suegra, que conocía la técnica del reiki angelical, lo invitó a una terapia en mi consultorio. Cuando llegó, me expresó que se sentía frustrado y con baja autoestima. Le pedí entonces que me contara qué le gustaba hacer, qué lo divertía. Me respondió de inmediato: "No tengo emoción ni ilusión de nada". En ese momento le dije que simplemente se relajara y se conectara con su respiración a través de una meditación. Le pedí que visualizara el trabajo de sus sueños y que se quedara sintiendo las emociones que le generaría tener ese trabajo.

Cuando terminó la terapia, le pedí que me contara su experiencia. Con los ojos empañados me expresó que era muy feliz en la empresa de donde lo habían despedido, que le gustaba hacer la logística y la contratación de elementos para eventos como matrimonios, grados, etc., que le encantaba hacer felices a otros con su perfecta programación y logística, que los clientes lo amaban. "¿Qué tan bueno eres para crear eventos?", le pregunté. Su respuesta fue inmediata: "¡El mejor!". En ese instante reconectó con su talento. Reconoció que no tenía que empezar de cero porque ya poseía lo más importante: la fe en sí mismo. Así se conectó de nuevo con su capacidad de crear abundancia y prosperidad.

Le recomendé que practicara la gratitud y la autoterapia del reiki angelical, y en menos de 21 días él ya había empezado su propio negocio de producción de eventos. Hoy tiene una de las casas de eventos más reconocidas del país. David siempre agradece por el jefe que, al despedirlo, lo lanzó a construir su propia empresa. Es simple: el Universo en ocasiones nos despierta con un gran sacudón para entregarnos lo que nos corresponde. Y tú, querido(a) lector(a), no eres la excepción. Levántate, toma tus talentos en tus manos y proponte llevarlos a donde más puedan servir. Así construirás tu propia experiencia de abundancia ilimitada.

Test

1. ¿Te sientes culpable por el despido laboral?
2. ¿Piensas que no podrás conseguir un empleo mejor?
3. ¿Has perdido la seguridad en ti después del despido laboral?
4. ¿Sientes vergüenza por haber sido despedido(a) del trabajo?
5. ¿Te sientes abrumado(a) y sin saber qué hacer después del despido laboral?

Si respondiste "Sí" a una o más de estas preguntas, los siguientes ejercicios son para ti.

Ejercicio: ¿Qué ves tú en mí que yo olvidé?

Símbolo: Cho Ku Rei
Arcángel: Uriel
Chakra que equilibras: Raíz
Objetos que necesitas: Tres hojas de papel, libreta, lápiz

Cuando nuestra autoestima está debilitada es difícil reconocer nuestras cualidades. Es más fácil ver nuestras carencias y debilidades. En momentos así, las personas que nos quieren pueden ser de gran ayuda para que recordemos eso que es maravilloso en nosotros y que, momentáneamente, por situaciones determinadas, hemos dejado de ver. Pedir ayuda de ninguna manera es negativo; por el contrario, nos revitaliza y nos engrandece en momentos de crisis.

Este ejercicio te ayudará a reconectar con tu fuente de poder a través de los ojos de esas personas que te aman.

» Utiliza el siguiente modelo de carta y entrégaselo a tres parientes o amigos con quienes tengas absoluta confianza.

Querido __________ [nombre del pariente o amigo]:

Sé que tengo cualidades y talentos muy especiales. Sin embargo, en este momento, por la situación en la que me encuentro, me está resultando difícil conectar con ellos. Por eso, con amor y humildad, quiero pedirte que tú, que me quieres y me conoces tanto, me ayudes a recordarlos.

Por favor enumera aquí cinco cualidades o talentos que veas en mí:

1. ______________________________
2. ______________________________
3. ______________________________
4. ______________________________
5. ______________________________

Gracias por permitirme ver a través de tus ojos eso que yo he dejado de ver en mí. Gracias porque así me has ayudado a recuperar la fortaleza que me hacía falta.

Con cariño,

____________________ [tu nombre]

» Cuando las tres personas te regresen sus cartas, escribe en tu libreta todo lo que ellas encontraron en ti.
» Observa la lista y date unos minutos e interioriza la información. Utiliza las palabras de los otros para despertar en ti esas cualidades y talentos que están en la hoja y que te pertenecen. Siente su vibración dentro de ti y permítete sentirte orgulloso(a) de ti mismo(a).
» Añade mínimo tres cualidades a la lista.

- » Toma tu carta Cho Ku Rei y ponla sobre tu corazón. Con profundo amor lee cada uno de los ítems de la lista, anteponiendo a cada uno las palabras "Yo soy" y diciendo "gracias, gracias, gracias" al final de cada talento.

  Ejemplos:

  - ✓ "Yo soy un(a) gran negociante. Gracias, gracias, gracias".
  - ✓ "Yo soy un(a) buen(a) orador(a). Gracias, gracias, gracias".
  - ✓ "Yo soy un(a) maravilloso(a) cocinero(a). Gracias, gracias, gracias".
  - ✓ "Yo soy un(a) artista único(a). Gracias, gracias, gracias".
- » Invoca al arcángel Uriel diciendo: "Querido arcángel, hoy reconozco nuevamente todos mis talentos. Desde hoy me conecto con ellos para vivir mi propósito y crear abundancia infinita".
- » Agradece: "Gracias, gracias, gracias".

Autoterapia: Me conecto con mis talentos

Símbolo: Cho Ku Rei
Arcángel: Gabriel
Chakras que equilibras: Todos
Objeto que necesitas: Lápiz

- » Cierra tus ojos. Respira profundamente y conéctate con el latir de tu corazón.
- » Pide al arcángel Gabriel que elimine los pensamientos negativos y te permita ver tus talentos, activando tu potencial al empleo o empresa donde puedas desarrollar tus cualidades.

» Estudia la lista que aparece a continuación. Si lo deseas, súmale a la lista otros talentos. Los que pongo aquí son apenas unos que pueden servirte de inspiración.
» Al frente de cada talento, en la primera casilla, califica el grado de desarrollo en el que se encuentra esa habilidad en ti. Utiliza una escala de 1 a 5, donde 1 es "poco desarrollado" y 5 es "muy desarrollado".

Actitud positiva		
Adaptabilidad		
Alegría		
Altruismo		
Autoconfianza		
Buenas relaciones públicas		
Capacidad de análisis		
Capacidad de comunicación		
Capacidad de percepción		
Capacidad para resolver conflictos		
Capacidad para tomar iniciativa		
Compromiso		
Confiabilidad		
Creatividad		
Curiosidad intelectual		
Determinación		
Disciplina		
Elocuencia		
Empatía		
Entusiasmo		
Espontaneidad		
Facilidad con los idiomas		
Generosidad		
Histrionismo		

Lealtad		
Liderazgo		
Paciencia		
Perseverancia		
Prudencia		
Recursividad		
Sentido del humor		
Talento con las manos		
Talento culinario		
Talento deportivo		
...		
...		
...		
...		
...		

» Observa los talentos donde marcaste 4 o menos y en la siguiente casilla marca con una x en cuáles de esos talentos quisieras trabajar.

» Observa los talentos donde marcaste 5 y piensa si los utilizas o no y por qué.

» Escoge tres talentos donde hayas marcado 5 y anótalos en el siguiente espacio. Al frente, escribe qué podrías hacer para convertir ese talento en fuente de ingreso. La unión de tus talentos y las acciones que tomes para ejecutarlos son el primer paso para obtener éxito y abrir la puerta a las nuevas y mejores oportunidades.

TALENTO	ACCIÓN
1. ____________	____________
2. ____________	____________
3. ____________	____________

Observa los tres talentos que elegiste y encierra en un círculo el que más te hace feliz.

» Toma la carta Cho Ku Rei y ponla sobre tu corazón.

» Invoca al arcángel Gabriel diciendo: "Querido arcángel Gabriel, permíteme desarrollar mis talentos de la forma adecuada y en el lugar correcto, donde pueda expresarlos de manera fácil y amorosa, y al mismo tiempo ser excelentemente remunerado(a) por ello".

» Deja la carta Cho Ku Rei sobre estas páginas y cierra el libro con la carta adentro. Déjala ahí por lo menos 24 horas.

Meditación: Yo creo mi propia abundancia

Símbolo: Cho Ku Rei
Arcángel: Uriel
Chakras que equilibras: Todos
Objetos que necesitas: Vela naranja, incienso de canela

» Ve a tu sitio de meditación. Prende la vela naranja y un incienso de canela.

» Elige si deseas encontrar un empleo o si deseas crear tu propia empresa. Tenlo claro.

- Pon entre tus manos la carta Cho Ku Rei con el símbolo de cara a la palma izquierda (esta es la que recibe). Mantenla allí durante toda la meditación.
- Cierra tus ojos, respira profundo y relájate.
- Visualízate caminando sobre arena tibia, observa frondosos y sanos árboles a tu alrededor y siente la brisa suave sobre tu cuerpo.
- Siente que cada parte de tu cuerpo se derrite como mantequilla, empezando por tu cabeza y descendiendo por tus hombros, brazos, pecho, abdomen, pelvis, piernas, rodillas, pantorrillas y pies. Trae tu atención a cada parte del cuerpo y relájate.
- Visualiza que entras a un jardín muy hermoso. Siente el aroma de las flores, hay mucha paz y te sientes muy liviano(a). Relájate aún más.
- Visualiza que el arcángel Uriel se encuentra en el jardín. Con amor pídele en tus propias palabras que permita que la abundancia llegue a tu vida y que sane para siempre tus finanzas.
- Observa que el arcángel Uriel te entrega una esfera de color naranja. Pon tus deseos de abundancia, uno a uno, en esa esfera. Sé claro(a) en tu pedido y visualiza cómo la esfera crece.
- Imagina que la esfera se eleva sobre tu cabeza y se convierte en escarcha dorada que cae sobre ti, llenándote de gozo y seguridad. Es la energía de prosperidad y abundancia que proporciona el Universo y que el arcángel Uriel derrama sobre ti.
- Toma nuevamente conciencia de tu respiración y de tu cuerpo físico. Abre tus ojos.
- Agradece: “Gracias, gracias, gracias”.

Decreto

"Yo soy abundancia ilimitada. Yo soy próspero(a) y perfecto(a). Con amor tomo la abundancia ilimitada que me provee el Universo para mi bien y el de los que me rodean. Gracias, gracias, gracias"*.

* Pon la carta Cho Ku Rei sobre tu corazón para potencializar este decreto y repítelo durante 21 días. De esta manera tu mente integrará su energía plenamente.

CAPÍTULO IX

Reiki angelical para la abundancia en la salud

Advertencia: *En casos de enfermedad crónica o malestar persistente, la autoterapia de reiki angelical debe tomarse únicamente como complemento a un tratamiento médico profesional.*

En este capítulo tomaremos el concepto holístico de salud, el cual se refiere a la salud física, mental y emocional. Mantener el equilibrio en estos tres frentes es lo que permite tener una salud verdaderamente abundante, cosa fundamental para llevar a cabo nuestra misión en este plano terrenal. No podemos desligar nuestros pensamientos, sentimientos y acciones de nuestro estado de salud. Según mi creencia, de hecho las enfermedades se generan a partir de los bloqueos energéticos que tenemos a nivel emocional y que son causados por sentimientos como la rabia, el rencor, la tristeza, la angustia o la depresión. Cuando tenemos estas emociones y los pensamientos negativos que de ellas derivan, nuestro cuerpo físico se altera. Y si nos mantenemos en una baja vibración por mucho tiempo, esos sentimientos y pensamientos se convierten en enfermedad. Por eso creo que, para erradicar la enfermedad física, además de tomar las medidas médicas que sean del caso, hay que ir a la raíz, es decir, buscar el bloqueo emocional o mental que la creó. Para sanar verdaderamente hay que soltar las emociones negativas, descargar nuestro cuerpo energético de las bajas vibraciones que terminan generando malestar y con el tiempo enfermedad. Al encontrar la raíz del problema que causó la enfermedad, logramos ir a lo más profundo y curar las emociones, lo que curará tanto nuestro cuerpo mental como el físico.

El reiki angelical es una poderosa herramienta para sanar y ayudarnos a recobrar la salud en todo el sentido de la palabra. La energía sutil de los ángeles y el poder del reiki trabaja de manera integral en tu energía vital a través de tus chakras, como vimos en la primera parte de este libro, lo que permite que se trabaje a profundidad tu consciente y subconsciente. De esta manera es más fácil identificar y sanar la emoción negativa que produjo la enfermedad. Y cuando nuestras emociones y pensamientos mejoran, también lo hace nuestra salud física. Existen muchos casos de personas con enfermedades como cáncer, diabetes y obesidad que han tenido una mejoría sustancial después de practicar esta terapia, pues al sintonizar y equilibrar su energía con la ayuda amorosa y sutil del reiki angelical, tomaron en sus manos la responsabilidad de su sanación y entendieron el aprendizaje que la enfermedad traía para ellas.

Al ser guiada por ángeles, la autoterapia del reiki angelical nos reconecta de inmediato con nuestra esencia, la cual es pura y perfecta. Esto nos genera tranquilidad y estados de bienestar y gozo, lo que facilita la sanación de cualquier desorden o desequilibrio físico, mental o emocional. No en vano la técnica del reiki está avalada por la Organización Mundial de la Salud y es empleada en diferentes hospitales de Europa y Estados Unidos como complemento en tratamientos médicos y quirúrgicos, pues se ha observado que, gracias a ella, los pacientes sanan de forma más rápida y que el porcentaje de reincidencia de la enfermedad disminuye.

El caso de Claudia

Claudia padecía de jaquecas crónicas. Su dolor era de tal magnitud, que cada vez que presentaba un ataque debía ir al hospital a tratarse con medicamentos muy fuertes. En esos momentos no toleraba ni siquiera la luz del día, sentía náuseas y decaimiento en todo el cuerpo. Le habían hecho todo tipo de exámenes durante varios años y nadie había dado con un diagnóstico certero. Desesperada, llegó un día a mi consultorio. En ese momento no creía en los ángeles ni en terapias holísticas, pero había acudido por consejo de una amiga.

Yo observé inmediatamente que su respiración no era fluida. Sus inhalaciones solo llegaban hasta el pecho y eran aceleradas y rápidas. Se lo dije y me miró desconcertada. Me dijo: "No entiendo qué tiene que ver mi respiración en todo esto. Además, yo siento que es totalmente normal". No le contesté en ese momento. Le pedí que inhalara y exhalara de forma lenta y profunda, que llevara su respiración hasta su abdomen, permitiéndole inflarse ligeramente. Después realizamos la terapia y sentí que su energía se equilibraba.

En la meditación, Claudia comprendió que sus jaquecas eran el producto de su corta respiración, mala alimentación y estrés desbordado. Le gustaba tanto su trabajo que no respetaba la hora de almuerzo y muchas veces pasaba el día entero sin comer. Esos factores, sumados a su estado constante de ansiedad y a una competitividad que la nublaba, eran la causa de sus duras jaquecas. Estaba tan obsesionada con ser una ejecutiva exitosa, que pasaba por encima de su equilibrio emocional y de su salud.

Los ángeles le hicieron entender que el éxito, para serlo, debe ir acompañado de la felicidad y el equilibrio de nuestra salud física mental y emocional. Después de la terapia Claudia tomó las medidas pertinentes, se volvió consciente de su respiración, adoptó cambios en su alimentación y en su estilo de vida, y muy pronto empezó a notar que sus jaquecas se hacían menos frecuentes. Empezó a practicar autoterapia de reiki angelical todos los días y ya no padece de dolores de cabeza. Sigue siendo exitosa y, adicionalmente, está sana y feliz.

Test

1. ¿Estás diagnosticado(a) con alguna enfermedad actualmente?
2. ¿Sufres de dolores que no han sido atribuidos a ninguna enfermedad?
3. ¿Las situaciones del día a día te roban la paz y te desequilibran fácilmente?
4. ¿Sientes que las situaciones negativas o los problemas están afectando tu salud?
5. ¿Constantemente te sientes débil, agotado(a) y sin energía?

Si respondiste "Sí" a una o más de estas preguntas, los siguientes ejercicios son para ti.

Ejercicio: Me conecto con el poder de mi respiración

Símbolo: Sei Hei Ki

Arcángel: Rafael

Chakras que equilibras: Todos

Objeto que necesitas: Vela verde

La respiración es la fuente de vida; en nuestra respiración esta nuestro ser. Es vital para mantenernos en perfecto estado de salud físico, mental y espiritual. No es casualidad que todas las técnicas de meditación y relajación, y la mayoría de las terapias de sanación holística estén enfocadas en la respiración. Inhalar y exhalar profundamente y de forma relajada mejora el flujo sanguíneo, relaja el sistema nervioso, libera del estrés y permite que nuestra mente descanse y se relaje para así enfocarnos en nuestro interior y sanar.

El siguiente ejercicio, aunque breve, te permitirá recordar esa sabiduría innata que tu cuerpo tiene desde el día en que naciste.

» Ve a tu sitio de meditación y enciende la vela verde.
» Cierra tus ojos.
» Toma una inhalación profunda y prolongada, y lleva el aire hasta tu estómago. Sostén el aire y cuenta mentalmente hasta 4. Exhala con lentitud y cuenta también hasta 4.
» Repite tres veces esta respiración.
» Cuando te sientas más tranquilo(a), abre los ojos, acuéstate recto(a) y pon sobre tu abdomen tu carta Sei Hei Ki para liberar tensiones y bloqueos emocionales que estén perjudicando tu salud. Deja tus manos sobre la carta. Pídele al arcángel Rafael que te rodee de su luz verde sanadora y cierra los ojos nuevamente.
» Concéntrate en tu respiración. Inhala y exhala de forma serena y profunda. Permanece allí por lo menos durante tres minutos.
» Cuando estés listo(a), di: "Yo tengo salud perfecta. Me amo. Soy sano(a), perfecto(a) y feliz".
» Agradece: "Gracias, gracias, gracias".

Autoterapia: Me libero del dolor y abro mi corazón a la salud abundante

Símbolos: Cho Ku Rei, Hon Sha Ze Sho Nen
Arcángeles: Rafael, Zadquiel
Chakras que equilibras: Todos
Objetos que necesitas: Vela verde, hoja de papel, lápiz

Una de las causas emocionales que repercuten de manera directa en nuestra salud es no haber perdonado sucesos del pasado, pues esto nos carga de forma negativa y llena nuestro corazón de resentimiento. La falta de perdón genera un bloqueo en la energía, no le permite fluir de manera natural y positiva. Cuando perdonamos se armoniza nuestro campo energético y de forma rápida y natural sanamos nuestro cuerpo físico, mental y emocional. Por esta razón es importante perdonar y perdonarnos a nosotros mismos. Así nos liberamos de ataduras negativas que afectan nuestra salud.

La siguiente autoterapia te ayudará en ese proceso.

» Ve a tu sitio de meditación y enciende una vela verde. Si lo deseas, pon música de meditación.
» Toma tu carta Hon Sha Ze Sho Nen y ponla sobre tu corazón. Pide la intermediación de los arcángeles Rafael y Zadquiel. Con tus propias palabras pide su guía y apoyo para sanar y transmutar cualquier sentimiento de rencor, rabia o dolor. Respira profundo.
» En una hoja en blanco escribe esta oración:

Arcángeles Rafael y Zadquiel,

Con profundo amor les pido que me ayuden a perdonar y a soltar el dolor que siento en mi corazón. Quiero recobrar la paz y la tranquilidad, quiero remover los sentimientos que me entristecen y que me impiden perdonar a ____________________ [nombre de la persona o la situación].

Les pido con amor que por favor trasmuten estos sentimientos de dolor, miedo, rabia y demás sentimientos negativos en amor y felicidad. Liberen de mi vida cualquier tipo de malestar o enfermedad que pude haber creado por estas emociones negativas.
Permítanme florecer y de nuevo fluir en la perfecta y abundante salud y felicidad.
Gracias, gracias, gracias.

» Lee la oración nuevamente, imaginando que delante de ti está la persona o la situación a la que quieres perdonar.
» Repite cuantas veces consideres necesario las cuatro palabras mágicas del Ho'oponopono*: "Lo siento, perdón, gracias, te amo".
» Pon tu carta Cho Ku Rei sobre la hoja para potencializar tu petición.
» Agradece: "Gracias, gracias, gracias".

Meditación: Mi cuerpo es salud perfecta

Símbolo: Sei Hei Ki
Arcángel: Rafael
Chakras que equilibras: Todos
Objetos que necesitas: Vela verde, incienso de jazmín

El arcángel Rafael es especialista en sanar tu cuerpo físico, mental y emocional. Como vimos en la primera parte del libro, es llamado "El sanador divino" porque trae la energía curativa de Dios. Invócalo con profundo amor en esta meditación, con el convencimiento de que la sanación interior

---

* El Ho'oponopono es un arte hawaiano muy antiguo de resolución de problemas basado en la reconciliación y el perdón.

de inmediato se refleja en salud abundante y felicidad en tu exterior.

» Ve a tu sitio de meditación, prende la vela verde y el incienso de jazmín. Pon música para meditar, si lo deseas.
» Toma tu carta Sei Hei Ki. Ponla sobre tu corazón y pide con amor al arcángel Rafael que sane tu cuerpo físico, mental y espiritual. Siente su presencia y amor.
» Cierra tus ojos. Céntrate en tu respiración. Inhala profundamente y exhala lentamente y con amor. Respira siete veces, permitiendo que el aire llegue al bajo vientre. Siente el fluir amoroso de tu respiración.
» Relaja tu cuerpo físico. Siente que se derrite como mantequilla desde tu cabeza hasta tus pies. Siéntete muy liviano(a).
» Visualízate llegando a un campo donde todo esta florecido. Siente el aroma de la naturaleza y observa los hermosos árboles que bailan con el viento. Contempla la belleza del paisaje y siente la paz y la alegría que te genera.
» Siente que formas parte de ese hermoso paisaje y visualiza que miras al cielo. Ves una brillante luz verde esmeralda que viene hacia ti y te envuelve formando un hermoso globo de luz a tu alrededor. Siente su poderosa energía sanadora.
» Observa la presencia del arcángel Rafael ahora a tu lado. Dentro de la esfera, él te abraza. Salúdalo. Siente su amor y agradece su presencia. Permite que él ponga sus manos sobre la zona que quieras sanar y experimenta su amor y su luz mientras agradeces con amor diciendo desde tu corazón las palabras que desees.
» Imagina que, de la mano del arcángel Rafael, sales de la esfera. Invítalo a participar en tu vida y con amor agradece.

» Disfruta de nuevo el paisaje y conéctate con tu respiración.
» Cuando estés listo(a), poco a poco vuelve a sentir tu cuerpo y abre tus ojos.
» Agradece: "Gracias, gracias, gracias".

Decreto

"Disfruto de la paz, la alegría y la abundancia en mi cuerpo físico, mental y emocional. Disfruto y vivo a plenitud la perfecta salud en abundancia ilimitada. Así es"*.

* Pon la carta Cho Ku Rei sobre tu corazón para potencializar este decreto y repítelo durante 21 días. De esta manera tu mente integrará su energía plenamente.

CAPÍTULO X

Reiki angelical para la abundancia en el amor

El amor es la energía que mueve todo en el Universo. Es la frecuencia vibracional más alta, radiante y pura que tenemos en nuestro interior. Todos la tenemos dentro y cuando actuamos y vivimos desde ella todo a nuestro alrededor florece. La abundancia en el amor no es solo tener una pareja que nos quiera. Es *traer* amor a todas nuestras relaciones, a todo lo que hacemos. Es estar conectados con el amor universal que ama todo: a nosotros mismos, a los otros, a la humanidad, a cada ser vivo. Cuando logramos vibrar en esa frecuencia, atraemos el amor en todas sus formas. ¡Esa es la verdadera abundancia!

La forma más fácil de sintonizarnos con el amor universal es vaciándonos de todo pensamiento que sea opuesto al amor, perdonándote a ti mismo(a) y perdonando cualquier sentimiento pasado de dolor, rabia o rencor. Todo lo que nos hace daño y llena de energía negativa nuestro corazón nos bloquea e impide que avancemos hacia la consecución de nuestros sueños. Sin embargo, esto no siempre es fácil y por eso los arcángeles nos han entregado una técnica tan amorosa, eficiente y sutil como la del reiki angelical. A través de ella podemos reconectarnos con nuestra fuente de amor universal y permitir que este florezca en nosotros y nos llene de gozo y abundancia. Cuando vivimos en la frecuencia del amor, somos como imanes energéticos para todo lo bueno y recibimos amor en abundancia.

El caso de Camila

Camila se casó muy joven con Tomás, su novio de años atrás. Los dos estaban completamente enamorados y estaban convencidos de que eran almas compañeras. Emprendieron con entusiasmo y pasión su vida de casados y a los dos años decidieron que querían tener su primer hijo. Sin embargo, pasaron varios meses y Camila no lograba quedar embarazada. Según los exámenes médicos, no había razón real para que ella no pudiera ser mamá. Visitó templos, hizo promesas a santos, siguió los consejos de todo el mundo, y al ver que no conseguía quedar en embarazo, poco a poco fue llenándose de ansiedad y sentimientos de rabia y frustración. Se volvió casi paranoica: sentía que la familia de su esposo, sus amigos y hasta los médicos la juzgaban.

Su malestar crecía cada día y empezó a tener problemas con su esposo, con su jefe, con sus amigos y con su familia. Se disgustó especialmente con su cuñada cuando esta quedó en embarazo. Sin quererlo, Camila la tomó como una competencia y vertió en ella un dolor propio que se traducía en rabia y odio. Esto obviamente repercutió de forma muy negativa en su matrimonio, y para acabar de empeorar la situación, la despidieron de su trabajo, lo que desequilibró fuertemente las finanzas de la pareja. La pasión entre ellos se acabó por completo; Camila solo veía en Tomás el proyecto de padre que él no podría ser debido a que ella no quedaba embarazada. Un par de años más tarde, Tomás, cansado de la situación, le pidió el divorcio. Le dijo que la amaba, pero que no podía más con su mal genio, con el odio que había sembrado entre su familia y, en general, en todo su entorno.

Desesperada, Camila le dijo: "Pídeme lo que quieras. Puedo pedir perdón a la familia, puedo renunciar a la idea de ser mamá, pero no quiero perderte nunca. Eres el amor de mi vida". Sin pensarlo mucho, Tomás le dijo que aceptaba su oferta de pedir perdón a todas las personas que se habían alejado durante el último tiempo y que además quería que adoptaran un bebé. Camila aceptó y le pidió que le diera tres meses antes de diligenciar los papeles, pues quería prepararse emocionalmente. Tomás estuvo de acuerdo.

En ese momento crucial conocí a Camila y empecé a practicarle la terapia del reiki angelical. En una de nuestras sesiones, los arcángeles Rafael y Gabriel le enviaron un mensaje contundente: que el bebé que vendría en adopción los había escogido a ellos dos con profundo amor y que venía a cumplir con su propósito como hijo de esa familia. Además, le informaron que, energéticamente, el niño ya estaba conectado con ellos y que la adopción era un acto profundo de amor que además de sanarla a ella, sanaría todos sus vínculos de amor y traería abundantes bendiciones a su maravilloso hogar.

Después de cinco sesiones de reiki angelical, Camila se sintió sana y fuerte a nivel emocional y no quiso esperar un instante más para iniciar sus papeles de adopción. Desde que se registraron para el proceso, todo empezó a fluir en el hogar de Camila. La relación entre ellos volvió a estabilizarse y el vínculo con la familia y los amigos se reestableció. Todos acogieron con amor la decisión de la adopción y acompañaron a la pareja a prepararse para la llegada del niño. La abundancia entró a su hogar de nuevo.

Diez meses después llegó a sus vidas Rafael, nombre que le pusieron al bebé, en honor al arcángel. Cuando vi a Camila poco tiempo después en el bautizo del niño, ella levantó a su hijo en brazos y dijo: "Gracias, Dios, por hacerme mamá. Gracias, Tomás, por tu amor y paciencia. Gracias, familia y amigos, por su amor. Gracias, ángeles, por devolverme la fe". Agradecía con tanto amor, que en ese instante supe que más cosas buenas y gran abundancia llegaría a su vida.

A los pocos meses de haber recibido a Rafael, Camila quedó embarazada.

Test

1. ¿Te juzgas o te avergüenzas constantemente de tu pasado?
2. ¿Tienes relaciones tóxicas con tu familia o amigos?
3. ¿Tienes sentimientos negativos hacia personas del pasado, aunque ya no estén en tu vida?
4. ¿Te cuesta perdonar o perdonarte?
5. ¿Juzgas, criticas, te burlas o reniegas de otros?

Si respondiste "Sí" a una o más de estas preguntas, los siguientes ejercicios son para ti.

Ejercicio: Perdono y recibo amor en abundancia

Símbolo: Sei Hei Ki
Arcángel: Zadquiel
Chakras que equilibras: Todos
Objetos que necesitas: Vela morada, lápiz, dos hojas de papel

» Toma 2 hojas en blanco. En una, escribe todo lo que consideres que debes perdonarte a ti mismo(a) y, en la otra, lo que creas que aún debes perdonar a los demás.

» Cuando tengas tus dos hojas llenas, léelas y experimenta el sentimiento que te causa recordar cada cosa que has escrito ahí. Imagina que el rencor, la rabia y los sentimientos de dolor son como agua sucia y maloliente que corre por tus venas.

» Enciende la vela morada como símbolo de transmutación de todos esos sentimientos de baja vibración.
» Toma tu carta Sei Hei Ki y ponla en tu corazón pidiendo al arcángel Zadquiel que transmute esos sentimientos en perdón y amor a ti mismo(a) y a los demás.
» Cierra tus ojos y visualiza una luz violeta brillante, pura, limpia y perfecta que entra a tu cuerpo y recorre todas tus venas, limpiando el agua sucia y maloliente, convirtiéndola en luz violeta de transmutación. Embriágate del amor incondicional y siéntete liberado(a) de todo sentimiento negativo.
» Abre los ojos y, de manera segura, quema esos dos papeles como símbolo de liberación a través del fuego.

Autoterapia: Doy amor, recibo amor

Símbolo: Hon Sha Ze Sho Nen
Arcángel: Chamuel
Chakras que equilibras: Corazón, plexo solar, raíz
Objetos que necesitas: Vela rosada

» Enciende una vela rosada para honrar al arcángel Chamuel.
» Toma tu carta Hon Sha Ze Sho Nen y llévala a tu corazón.
» Cierra tus ojos, céntrate en tu corazón y recuerda tres gestos de amor o detalles, grandes o pequeños, que querrías haber entregado a alguien y que —aunque han pasado los días— sigues sin hacerlo. Puede ser visitar a alguien enfermo a quien aprecias, llevar un detalle por un cumpleaños al que no asististe o hacer una llamada a un amigo.

- Pide al arcángel Chamuel que te ayude a llevar a cabo tu propósito. Di: "Arcángel Chamuel, permíteme ver lo hermosa que es la vida. Permíteme sentir amor y dar amor. Con tu luz rosada, amado arcángel, llena el corazón de ________, __________, _________ [nombre de las tres personas a las que entregarás el detalle o con quienes tendrás el gesto de amor] de perfecta luz rosada de amor, gozo, abundancia y felicidad. Gracias, gracias, gracias".
- Proponte llevar a cabo esas acciones durante los próximos tres días y cumple tu compromiso. Recuerda que cuando generas amor y felicidad en otros, el Universo confabula para traerte a ti tres veces más gozo.

Meditación: Yo soy amor, yo te entrego amor

Símbolos: Dai Ko Myo
Arcángel: Chamuel
Chakras que equilibras: Todos
Objeto que necesitas: Vela rosada

- Ve a tu sitio de meditación y enciende la vela rosada. Puedes poner música de fondo, si así lo deseas.
- Toma tu carta Dai Ko Myo y ponla sobre tu corazón.
- Siéntate recto(a) con tus pies tocando el piso. Cierra tus ojos. Respira profundamente varias veces, inhalando y exhalando con amor. Siente el latir de tu corazón.
- Imagina que te encuentras en un jardín hermoso, lleno de árboles frondosos de distintos colores. El viento roza tu cara. El aroma de la naturaleza relaja tus sentidos.
- Visualízate junto al arcángel Chamuel. Él, con su amorosa luz rosada, te indica que han llegado algunos invitados y te lleva de la mano a que los recibas.

» Imagina que te encuentras con varias de las personas que están o han estado en tu vida. Permite que tu corazón traiga libremente a las personas que corresponden.
» Visualiza que todos forman un círculo y que tú te sitúas en medio.
» Visualiza que le entregas a cada uno de tus invitados una esfera de luz rosada diciendo: "Yo soy amor, yo te entrego amor".
» Cuando le hayas entregado la esfera a todos tus invitados, visualiza al arcángel Chamuel entregándote a ti la más grande, brillante y amorosa esfera rosada que puedas imaginar. Sabes que esa esfera tiene el poder de llenar tu corazón de abundancia en el amor, el gozo y el éxito.
» Guarda esa esfera en tu corazón y, cada vez que lo necesites, acude a ella para sanar cualquier tipo de sentimiento negativo.
» Toma conciencia de tu respiración y de tu cuerpo físico. Cuando estés listo(a), abre tus ojos y pronuncia tu nombre diciendo: "Yo soy amor, abundancia, gozo y éxito".
» Agradece: "Gracias, gracias, gracias".

Decreto

"Yo, ____________________ [tu nombre], vivo en la frecuencia del amor, la abundancia y el éxito. Desde hoy y para siempre, yo soy amor, yo soy abundancia, yo soy la perfecta creación de Dios"*.

* Pon la carta Cho Ku Rei sobre tu corazón para potencializar este decreto y repítelo durante 21 días. De esta manera tu mente integrará su energía plenamente.

CAPÍTULO XI

Reiki angelical para materializar una vida de abundancia

Hace unos meses, mi gran amiga y autora *bestseller* Patricia López Caballero me invitó a conocer a un maestro de meditación muy especial. Él venía de Brasil y, al parecer, traía un conocimiento nuevo y poderoso. Pasé una semana entera pensando si iría a escucharlo. Yo ya tenía mis propios maestros iluminados —a quienes amo y de quienes aprendí la técnica espiritual de Kriya Yoga* que practico todos los días— y, a sabiendas de que estoy conectada con mis amados ángeles, que siempre responden mis inquietudes, me preguntaba cuál podría ser el beneficio de ir. Sin embargo, me ganaron la curiosidad y el ánimo de compartir con mi amiga y con mi querida editora de ese entonces Marcela Riomalo, quien también asistiría.

Fui sin expectativa y me propuse recibir cualquier palabra o información que sirviera para mi vida. Aproximadamente cien personas nos sentamos en un salón a esperar a que saliera el maestro. Media hora después apareció. Era un hombre

---

* Técnica de meditación ancestral practicada por maestros como Babayi, Yogananda y otros maestros iluminados.

impecable físicamente. Su cara parecía de porcelana y, con su sola presencia física, reflejaba amor perfecto. Durante la meditación, en lugar de relajarme, me dediqué a observarlo fijamente y en tres oportunidades le pregunté mentalmente: "¿Quién eres tú?". Después de terminar la meditación, él, que nunca me había visto, me miró, de entre todas las personas del grupo, y dijo textualmente: "No importa si eres maestra de reiki o si practicas una técnica ancestral de meditación, debes saber que yo solo estoy aquí para entregar amor". Entonces entendí que estaba ante alguien auténtico. Sus palabras me generaron confianza y me permití relajarme. Cuando el maestro terminó de entregar información, permitió que algunas personas hicieran preguntas y mi editora preguntó: "¿Cómo podemos materializar la abundancia en todas las áreas de nuestra vida?", a lo cual él respondió: "Para materializar cualquier cosa en este plano se necesitan tres cosas: intención clara, acción adecuada y ayuda divina".

En ese instante entendí por qué me encontraba ahí. Ese mensaje era muy importante para mí, puesto que los ángeles me expresaron la clave de la manifestación con esas mismas palabras años antes, cuando me entregaron la técnica del reiki angelical, y no tuve duda de que eran ellos quienes, nuevamente, las repetían para mí a través de este maestro iluminado. Hoy las comparto contigo, pues forman parte de lo que trabajaremos con la técnica de reiki angelical para que recibas la abundancia ilimitada.

✓ **Intención clara.** Esto es, lo que nuestro corazón anhela, el bienestar que queremos alcanzar. Una vez tenemos la intención clara, lo más importante es cultivarla y mantenerla a través del pensamiento y la palabra. Pensar positivamente y hablar de forma correcta y coherente es una disciplina que exige atención constante.

El pensamiento positivo del que tanto se ha hablado en los últimos tiempos plantea que, para obtener lo que anhelamos, hay que hacer afirmaciones, decretar y decir palabras que expresen lo que deseamos, pero muchas veces esto se queda en simples palabras que no incorporamos verdaderamente a nuestro diario vivir. Debemos comprender que los pensamientos determinan nuestra realidad, así como lo que sentimos y experimentamos.

Pensar en lo que queremos de forma clara facilita el flujo de energía que nos lleva a la realización de nuestros sueños. Sin embargo, es inútil pretender que obtendremos abundancia a través de las palabras si nuestro pensamiento no está alineado con lo que decimos. El pensamiento positivo debe reafirmarse a través de la palabra para poder manifestar lo que anhelamos. De ahí que, para materializar la abundancia, sea tan importante el pensamiento positivo como la coherencia que tus palabras expresen con respecto a tu anhelo.

✓ **Acción adecuada.** Aunque todos los seres humanos tenemos sueños, estudios recientes aseguran que solo el 5 % de las personas actúan para materializar esos sueños. Parte de ello se debe a que no sabemos cuándo actuar ni qué acciones tomar para acercarnos a lo que queremos. La respuesta a esas preguntas es simple: solo debemos actuar cuando tenemos muy clara nuestra intención y cuando hemos logrado que nuestro pensamiento y nuestras palabras se sintonicen con nuestro deseo. Recuerda esto: el pensamiento y la palabra son los padres de la acción. Si estos dos están alineados con tu intención, será muy fácil materializar tus deseos.

Cuando ese paso está dado, la siguiente pregunta que es preciso hacer es qué acción debo tomar. No todas las acciones son eficientes para acercarnos a nuestro deseo. Mi consejo es estudiar las posibilidades y, con la ayuda de los ángeles, elegir la que más sintamos que es consecuente con eso que queremos alcanzar. ¡Esa es la acción adecuada! Te invito a seguir la lectura y unirte al 5 % de personas que actúan para cumplir sus sueños.

✓ **Ayuda divina.** Solo en frecuencia positiva nos sintonizamos con la fuente inagotable de la abundancia, y por eso, para acceder a la ayuda divina, bien sea a través de la oración, el decreto, el ritual o el rezo, debemos mantenernos en estado de tranquilidad y confianza. Si así lo hacemos y entendemos que somos seres creados con el poder de manifestar lo que soñamos, podemos materializar la abundancia y lo que deseamos. Dios nos entregó la facultad de soñar porque tenemos el poder de hacer nuestros sueños realidad. El reiki angelical eleva tu energía y te conecta con la gratitud y la fe. Cuando estás en ese estado, conectas con la divinidad y entonces los amorosos arcángeles pueden entrar en acción y ofrecer su servicio para apoyarte en tus deseos y en la materialización de ellos. La técnica del reiki angelical es la herramienta perfecta para aclarar nuestras intenciones, tomar la acción adecuada y recibir ayuda divina. En las próximas páginas, verás cómo.

Test

1. ¿Estás convencido(a) de que todo lo que planificas te sale mal?

2. ¿Te cuesta actuar para empezar proyectos?
3. ¿Pierdes la fe con facilidad?
4. ¿Crees que tu éxito está condicionado por otros o por factores externos?
5. ¿A menudo criticas, te quejas, maldices o te juzgas a ti mismo(a) y a otros?

Si respondiste "Sí" a una o más de estas preguntas, los siguientes ejercicios son para ti.

Ejercicio #1: Aclaro mi intención

Símbolo: Cho Ku Rei
Arcángeles: Todos
Chakras que equilibras: Todos
Objetos que necesitas: Vela blanca, barra de incienso, libreta, lápiz

- » Ve a tu espacio de meditación. Prende una vela blanca y una barra de incienso. Si lo deseas, pon música para meditar de fondo.
- » Cierra los ojos y visualiza tu sueño más profundo con respecto a la abundancia. A tu manera, invita a todos los ángeles para que hagan parte de esa imagen.
- » Experimenta la emoción que se deriva de esa visualización e imagina que esta ya se ha materializado.
- » Observa cómo se siente en tu cuerpo y en tu corazón recibir la manifestación de tu sueño.
- » Abre los ojos y anota en la libreta tu sueño y las sensaciones que tuviste al verlo materializado.

» Toma la carta Cho Ku Rei y ponla sobre la página unos instantes. Si lo deseas, puedes dejarla allí durante varios días para potencializar tu intención.
» Agradece a todos los ángeles: "Gracias, gracias, gracias".
» Durante 21 días, lee esa página de tu libreta y date unos segundos para revivir las sensaciones que emanan de tu deseo cumplido. Mientras lo haces puedes poner la carta Cho Ku Rei sobre tu pecho.

Ejercicio #2: Cultivo mi pensamiento, cuido mi palabra

Símbolo: Sei Hei Ki
Arcángel: Zadquiel
Chakras que equilibras: Todos
Objetos que necesitas: Libreta, lápiz, alarma

» Durante tres días utiliza una alarma en tu celular para que te suene cada hora durante el día.
» Ten la libreta a mano y, cuando suene la alarma, observa cuál es el pensamiento que tienes en ese momento.
» Pon en tu libreta la hora y un símbolo o una palabra que describa el pensamiento que tuviste: si es un pensamiento positivo, podrías poner un sol, una estrella, un visto bueno o alguna palabra que te ratifique que es una excelente calificación. Si es un pensamiento negativo, puedes escribir la palabra "cancelo" y tomarte un segundo para decir mentalmente "cancelo y anulo este pensamiento" y luego traer a tu mente un pensamiento positivo.
» En la noche, antes de dormir, revisa tu libreta y cuenta cuántos pensamientos positivos y cuántos negativos tuviste.

- » Toma tu carta Sei Hei Ki, ponla sobre tu corazón y con amor y fe di la siguiente oración al arcángel Zadquiel: "Amado arcángel Zadquiel, ayúdame a transmutar los pensamientos negativos que tuve hoy. Libérame de ellos, convierte lo negativo en positivo para que regrese a mí la abundancia ilimitada que el Universo quiere entregarme. En ti confío".
- » Agradece: "Gracias, gracias, gracias".

Date cuenta del gran poder que tienes en tu palabra. Si tomas conciencia de cada sonido que emites y, cuando hablas, te preguntas si lo que estás expresando es lo que realmente quieres manifestar en tu vida, podrás sembrar en tu consciente y en tu inconsciente la semilla amorosa que dará como resultado una realidad rica y abundante.

Nota: Puedes hacer este ejercicio cuantos días lo necesites. Es de gran beneficio educar el pensamiento y te será fácil con la ayuda del arcángel Zadquiel. Cuando tu pensamiento es correcto y tu palabra es perfecta, el resultado es la manifestación de la abundancia en tu realidad.

Ejercicio #3: Tomo la acción adecuada

Símbolo: Cho Ku Rei
Arcángel: Jofiel
Chakra que equilibras: Plexo solar
Objetos que necesitas: Libreta

- » Toma la libreta donde escribiste tu intención del ejercicio de este capítulo y ábrela en esa página.
- » Pon sobre tu corazón la carta Cho Ku Rei para potencializar la intención.
- » Cierra los ojos, inhala en cuatro tiempos y exhala en otros cuatro. Repite esta respiración tres veces. Relájate.

» Céntrate en tu corazón y pide ayuda al arcángel Jofiel para que te ayude a elegir la acción adecuada, te inspire y te impulse a empezar los proyectos que lleven a la materialización de tus deseos. Dile: "Arcángel Jofiel, te amo y te bendigo. Hoy te pido que lleguen a mi vida la fuerza y la creatividad para actuar sin miedo. Permite que tu luz llene mi vida de vibraciones positivas para materializar mis deseos".
» Agradece: "Gracias, gracias, gracias".

Meditación: Recibo ayuda divina

Símbolo: Cho Ku Rei
Arcángel: Zadquiel
Chakras que equilibras: Todos
Objetos que necesitas: Vela violeta, barra de incienso

» Ve a tu espacio de meditación. Prende una vela violeta y una barra de incienso. Si lo deseas, pon de fondo música para meditar.
» Toma en tus manos la carta Cho Ku Rei y cierra tus ojos.
» Concéntrate en tu respiración, inhala y exhala con amor, concéntrate un instante en el latir de tu corazón. Relaja tu cuerpo y siente que eres muy liviano(a).
» Visualízate a la orilla del mar y obsérvate caminando con tus pies descalzos sobre la arena tibia.
» Visualiza una luz violeta que viene hacia ti y te invade de frescura y amor. Confía en que es la luz del arcángel Zadquiel, que quiere amorosamente transmutar tus pensamientos y palabras negativas y llenarte de pensamientos positivos y abundancia ilimitada.

» Salúdalo y siente su amorosa protección. Todo es hermoso en ese lugar y observa cómo los dos se sientan a la orilla del mar.
» Observa que las olas lavan tus pies y se llevan de tu vida todo lo negativo, y mírate ahí tumbado(a) en la playa mientras las olas acarician tus pies con suavidad. Siente que el mar va desintegrando todos esos pensamientos que dañan tu interior, que estás cargado(a) de energía positiva y que el pensamiento puro y elevado regresa a tu interior.
» Visualiza que el arcángel Zadquiel te abraza y te invade de luz violeta, y que sientes la frescura en tu mente y tu corazón.
» Agradece al arcángel por su amor y transmutación de pensamientos: "Gracias, gracias, gracias".
» Cuando estés listo(a), céntrate en tu cuerpo físico y abre tus ojos.

Decreto

"Mis pensamientos, palabras y acciones son positivos y agradecidos. Recibo la abundancia ilimitada que el Universo me provee todos y cada uno de mis días en este plano terrenal. Gracias, gracias, gracias"*.

* Pon la carta Cho Ku Rei sobre tu corazón para potencializar este decreto y repítelo durante 21 días. De esta manera tu mente integrará su energía plenamente.

TERCERA PARTE

Rituales de abundancia y otras herramientas

CAPÍTULO I

Rituales de abundancia

Programo mi amuleto personal de riqueza

Nota: Para este ritual necesitarás tomar los cuatro amuletos de riqueza que se encuentran en la solapa delantera de este libro.

En muchas tradiciones espirituales y religiosas se dice que "dando es como se recibe". ¿Por qué crees? ¡Porque es cierto! Cuando ofreces con generosidad algo, sea inmaterial o material, automáticamente entras en la vibración de la abundancia. Para elevar tu energía y sintonizarla con la prosperidad, es tan importante el dar como el recibir. A menudo nos quedamos reflexionando en lo que queremos recibir, y olvidamos pensar en lo que podemos dar. Nos preguntamos insistentemente por qué no ha llegado a nuestra vida lo que queremos en vez de cuestionarnos qué tanto hemos dejado de dar. Nos quedamos entonces en el egoísmo o caemos en la comparación, lo que frena el flujo de la energía de prosperidad. Por el contrario, cuando damos, dejamos de centrarnos en nuestro ego y abrimos la puerta a la conexión con los demás y, así, a la fuente de la abundancia.

Cierra tus ojos un instante y recuerda algún momento donde fuiste feliz dando algo a alguien. Conéctate con ese estado de bienestar. ¿Puedes sentirlo? Esa sensación de gozo te eleva a frecuencias positivas que permiten el flujo de la abundancia en ti. De ahí la sabia frase "dando es como se recibe". Cuando ofreces lo que puedes dar, abres la puerta energética que conduce a conseguir todo lo que deseas.

Por eso encontrarás que en la solapa delantera de este libro hay cuatro amuletos personales de riqueza. Uno es para ti y los otros tres son para que los obsequies a tres personas que tu corazón te señale. Prográmalos como te indico a continuación y disfruta la alegría de compartir con otros el regalo de la abundancia. ¡En el mundo hay suficiente para todos!

Símbolo: Cho Ku Rei
Arcángel: Todos
Chakras que equilibras: Todos
Objetos que necesitas: Bandeja blanca, flores de colores, imagen de los siete arcángeles (opcional), siete manzanas verdes, siete velas pequeñas de los colores correspondientes a la luz de cada arcángel (blanca, roja, naranja, amarilla, verde, azul, violeta)

» Ve a tu lugar de meditación y, sobre la bandeja blanca, acomoda las siete velas de forma circular.
» Coloca las flores en un florero y las manzanas en un frutero. Pon música de meditación, si así lo deseas.
» Toma los cuatro amuletos personales de prosperidad que se encuentran en la solapa de este libro y ubícalos en medio de las velas. Enciende las velas con mucho cuidado.
» Siéntate cómodamente frente a tu ritual. Céntrate en tu respiración.

- Visualiza un arco iris e imagina que puedes entrar en él y cargarte de su luz para eliminar todas las cargas negativas.
- Visualiza los siete colores del arco iris potencializando tu ritual y llenando tu casa de su luz multicolor.
- Toma los amuletos de riqueza en tus manos y repite la siguiente oración:

Amados arcángeles Rafael, Miguel, Chamuel, Jofiel, Uriel, Gabriel y Zadquiel,

Con amor les pido que iluminen mis finanzas con sus poderosos rayos de luz. Permítanme prosperar y recibir la prosperidad que Dios quiere para mí.

Gracias poderosos arcángeles por estar en mi vida y por permitir que fluya desde hoy y para siempre la abundancia ilimitada del Universo.

Permitan que siempre haya dinero disponible para mí y para los míos, que este se multiplique de maneras maravillosas para mi mayor beneficio y el de todos a mi alrededor. Gracias, gracias, gracias.

- Apaga las velas. Desprende uno de los amuletos y guárdalo en tu billetera. Este será tu talismán personal.
- Toma los otros tres y ponlos sobre tu corazón. Visualiza tres personas con las que te gustaría compartir el regalo de la abundancia. En las semanas siguientes, obséquiale un amuleto a cada una de esas personas. Explícales el poder del reiki angelical y compárteles la oración con la que has programado estos talismanes, multiplicadores de abundancia.
- Deja las manzanas en el frutero y cómete una cada día durante siete días seguidos. Cada vez que lo hagas repite: “Yo soy próspero(a). La abundancia es mi derecho divino. La recibo y la entrego con alegría. Gracias, gracias, gracias”.

Atraigo el empleo perfecto para mí

Símbolo: Cho Ku Rei
Arcángel: Gabriel
Chakra que equilibras: Plexo solar
Objetos que necesitas: Hoja de papel, tres hojas de laurel, puñado de arroz, tres cucharadas de trigo

» En una hoja en blanco, escribe el trabajo que deseas conseguir: el salario, el cargo, la gente de la que te quieres rodear en ese empleo, el tipo de trabajo que desarrollarás. Sé lo más específico(a) que puedas.
» Sobre esa hoja pon los siguientes elementales como símbolos de abundancia: tres hojas de laurel, un puñado de arroz y tres cucharadas de trigo.
» Toma tu carta Cho Ku Rei y ponla sobre tu hoja y los elementos mientras rezas al arcángel Gabriel con fe la siguiente oración:

Amado arcángel Gabriel,

Te amo y te bendigo. Hoy te pido la fortaleza y la fuerza de Dios para que llegue a mi vida el empleo perfecto, en el cual pueda desarrollar mis talentos y recibir la abundancia que el Universo tiene reservada para mí. Anúnciame desde ahora una nueva, abundante y feliz etapa en mi vida. Confío que tu poderosa luz blanca actúe sobre el empleo perfecto para mí.

Hecho está. Gracias, gracias, gracias.

» Retira la carta Cho Ku Rei y dobla el papel con los elementales dentro. Guarda este ritual hasta el día en que encuentres empleo.
» Cuando hayas completado un mes en tu nuevo trabajo, compra algunos alimentos y dónalos a una fundación o a una familia necesitada como homenaje y gratitud al arcángel Gabriel por la gracia concedida.

Mi negocio prospera

Símbolo: Cho Ku Rei
Arcángel: Uriel
Chakras que equilibras: Raíz, plexo solar
Objetos que se necesitas: Vinagre de alcohol, flores frescas, mata de ruda o alguna otra planta que se considere de buena energía

» Trapea tu negocio con vinagre de alcohol para eliminar energías de personas negativas que lo visiten.
» Pon flores frescas de distintos colores; esto permitirá que la energía fluya.
» Siembra en las instalaciones de tu negocio una mata de ruda o de otra planta que se considere de buena energía. Este elemento absorbe la energía negativa de los entornos y la renueva.
» Ubica un objeto que represente el dinero en las instalaciones de tu negocio. Puede ser la caja registradora o el sitio donde guardas las facturas por cobrar. Deja tu carta Sho Ku Rei sobre ese objeto.
» Durante los siguientes 21 días, sigue estas indicaciones:
  › Cada mañana al levantarte, agradece por cinco cosas que consideres valiosas de tu negocio.
  › Al entrar a tu lugar de trabajo, repite: "Gracias, Dios, por mi negocio abundante y exitoso".
  › Antes de iniciar la jornada, haz la siguiente oración:

Arcángel Uriel,
Con profundo amor te pido que tu luz rojo rubí llene este negocio de prosperidad. Que aquí siempre se to-

men decisiones con claridad mental para beneficio de los dueños de esta empresa y el de los que aquí trabajan. Permite que la abundancia se quede en este espacio y elimina cualquier bloqueo que impida el éxito y la prosperidad en mi negocio. En ti confío. Que tu poderosa luz de abundancia se quede conmigo. Yo soy la manifestación de la abundancia y el éxito.

Así sea. Gracias, gracias, gracias.

Mis relaciones son abundancia plena

Símbolo: Dai Ko Myo
Arcángel: Chamuel
Chakra que equilibras: Corazón
Objetos que necesitas: Vela rosada, siete rosas rojas, incienso de canela

» Pon siete rosas rojas en un florero y ve a tu sitio de meditación.
» Prende una vela rosada y un incienso de canela.
» Toma tu carta Dai Ko Myo y llévala a tu corazón.
» Cierra tus ojos y siente que una luz rosada te invade y te sana, llenándote de amor y dulzura. Lleva mentalmente esa luz a todos los rincones de tu cuerpo.
» Visualiza a las personas con las que actualmente te encuentres en algún conflicto, pequeño o grande, y envíales un rayo de esa luz rosada desde tu corazón diciendo mentalmente: "Yo veo la divinidad en ti y en mí".
» Eleva la siguiente oración al arcángel Chamuel:

Arcángel Chamuel,

Con fe invoco tu presencia. Te pido que permitas que se despierte en mi corazón tu fuerza infinita, para que en mi vida haya amor abundante. Aumenta en mí la alegría, la buena comunicación y el amor en todas mis relaciones. Permite que vea siempre con amor cualquier situación de conflicto.

Acógeme en tus divinas alas para que mis pensamientos, mis acciones y mis palabras reflejen la abundancia de un corazón amoroso, compasivo y respetuoso frente a mí y frente a los demás.

Que todos y cada uno de mis sueños, proyectos, relaciones y situaciones sean iluminados desde la llama sagrada del amor y se expandan en infinita abundancia de felicidad.

Así es y hecho está. Gracias, gracias, gracias.

» Repite este ritual durante siete días.

Mi salud es abundancia plena

Símbolo: Hon Sha Ze Sho Nen, Sei Hei Ki
Arcángel: Rafael
Chakras que equilibras: Todos
Objetos que necesitas: Vela verde, cuarzo transparente, vaso de agua pura

» Ve a tu sitio de meditación y prende una vela de color verde.
» Toma la carta Hon Sha Ze Sho Nen para acceder al pasado y sanarlo. Ponla sobre tu corazón.
» Céntrate en tu respiración y visualiza la poderosa luz verde esmeralda del arcángel Rafael. Inhala y exhala su luz sanadora sintiendo que entra a todo tu cuerpo físico y te llena de paz, salud y serenidad.
» Visualiza que esa luz verde se prende como una poderosa llama en cada una de tus manos.

» Toma el cuarzo transparente y prográmalo enviando mentalmente los rayos de luz verde sobre el cuarzo mientras repites: "Yo soy salud perfecta y abundante, me mantengo sano(a) en la poderosa luz verde del arcángel Rafael".
» Pon el cuarzo en un vaso de agua pura y tapa el vaso con la carta Sei Hei Ki. Déjalo ahí durante siete horas.
» Transcurrido este tiempo, pon el cuarzo en un paño de color verde y bebe del agua del vaso.
» Pon tu carta Cho Ku Rei sobre tu corazón y afirma: "Yo soy la perfecta salud de Dios; gracias, gracias, gracias".

CAPÍTULO II

Otras herramientas

Acuerdo angelical de abundancia

Los decretos son afirmaciones poderosas que se dicen en tiempo presente, en primera persona, a través de la palabra hablada o escrita, para hacer realidad todo lo que queremos materializar en nuestra vida. Se deben decir con fe, con el corazón dispuesto y con actitud de gratitud, pues, como hemos visto, esta es la llave que abre la puerta de la abundancia. A través del grandioso acto de decretar, tú tienes la posibilidad de utilizar la palabra y el pensamiento para materializar la realidad que deseas.

El siguiente acuerdo es un decreto poderoso que realizas con los arcángeles y en el cual te comprometes a tomar responsabilidad de tu vida para recibir la guía de los seres de luz y, de su mano, la abundancia ilimitada que el Universo tiene para ti.

» Busca un lugar tranquilo para llenar el formato de la página 161.
» Cierra tus ojos y céntrate un instante en tu respiración.

» Toma tu carta Cho Ku Rei y ponla sobre tu corazón durante tres minutos mientras das gracias a los poderosos arcángeles por su guía y apoyo.
» Lee y llena los espacios en blanco del siguiente acuerdo.
» Cuando termines, deja tu carta Cho Ku Rei sobre el acuerdo durante 21 días y busca un momento cada mañana para releerlo y agradecer por la bienaventuranza de tener abundancia en tu vida.

ACUERDO DE ABUNDANCIA

Amados arcángeles, hoy ______________ [fecha] yo, ________________ [tu nombre] firmo este poderoso acuerdo para hacerme cargo de mi libre albedrío y recibir, de su mano amorosa, la abundancia ilimitada que el Universo tiene para mí. Desde hoy y para siempre, me comprometo a:

- ✓ Dejar de alimentar las energías y los pensamientos negativos que me alejan de la vibración de la abundancia, como la envidia, la rabia, la angustia, el desagradecimiento, la preocupación y la ansiedad.
- ✓ Transmutar los pensamientos negativos en positivos a través del reiki angelical, la meditación, la gratitud y otras técnicas y prácticas espirituales que me sirvan para ello.
- ✓ Evitar compararme con otros, ya que la comparación alimenta la carencia, la pobreza y la miseria en mi vida.
- ✓ Agradecer por la persona que soy, por los regalos grandes y pequeños que recibo y por cada uno de mis días.

Les pido que, desde hoy y para siempre, me ofrezcan su guía y apoyo para vivir una vida llena de abundancia.

A partir de hoy y para siempre fluye un torrente de prosperidad e infinitas oportunidades que me mantienen en la frecuencia de la gratitud, la abundancia ilimitada y el éxito.

A partir de hoy y para siempre me beneficio de la fuente inagotable de la abundancia de la cual provengo. Yo soy abundancia ilimitada.

Gracias, gracias, gracias.

Firma: ______________________________

Fecha: ______________________________

Oración para obtener abundancia y éxito ilimitado*

Amados arcángeles,

Con amor invoco su perfecta y sutil presencia. Les pido intercedan en mi vida con su poderosa luz de los siete colores, para que regrese a mí la abundancia ilimitada, la cual Dios me otorgó desde mi nacimiento en este plano terrenal.

Permítanme tenerlos como guías y amorosos aliados para que la abundancia se manifieste en mi vida como una lluvia infinita de sus siete colores.

Me tomo de su mano para que aparten de mi vida las malas energías y se abran oportunidades grandiosas que me lleven directo a recibir la abundancia y el éxito.

Permitan que todas las bondades y bendiciones que trae la abundancia se materialicen en mi vida desde hoy y para siempre.

Agradezco por todo lo que tengo en mi vida, con la seguridad de que todas las necesidades materiales, físicas, mentales, emocionales o económicas se transmutan desde hoy y para siempre en abundancia y éxito ilimitado.

Que la luz de los siete colores de mis amados arcángeles Rafael, Miguel, Gabriel, Jofiel, Chamuel, Uriel y Zadquiel me rodeen en amor y abundancia desde hoy y para siempre. Así sea.

Gracias, gracias, gracias.

* Pon la carta Cho Ku Rei sobre tu corazón para potencializar esta oración y repítela durante 21 días. De esta manera tu mente integrará su energía plenamente.

Notá final

Amado(a) lector(a),

Gracias por permitirte recibir la energía perfecta y amorosa del reiki angelical. Espero que, de ahora en adelante, cada palabra consignada en este libro apoye y guíe tu deseo de crear una nueva realidad. Deseo de corazón que la magia de esta técnica llene tu vida de hermosos milagros, pues te aseguro que así lo quieren los poderosos arcángeles. Por eso me permitieron entregarte esta amorosa y eficiente herramienta para transformar tu vida y la de las personas a tu alrededor. Confía en que estás listo(a) para recibir la abundancia y el éxito que el Universo tiene para entregarte, y así crear la vida que sueñas.

Un abrazo infinito de luz,
Teresa

AGRADECIMIENTOS

Agradezco con infinito amor...

A Dios, por permitir que los amorosos arcángeles susurren a mi corazón palabra por palabra la información que se encuentra en este libro.

A los arcángeles, por elegirme y acompañarme constantemente a llevar este conocimiento del reiki angelical al planeta y aliviar corazones en este plano terrenal.

A mis ángeles terrenales: mis amados hijos Felipe, Tatiana, Alejandra y Daniel, y a mis hermosos nietos Jerónimo y Adelaida. Gracias por acompañarme con amor en este camino espiritual y por estar junto a mí con el corazón generoso y dispuesto a amar sin límites en este plano terrenal. Doy infinitas gracias a Dios por su existir. Ustedes son la fuente de amor y de luz poderosa en mi vida. Gracias por llenar mis días de felicidad, inspiración y perfecto amor.

A mi amado padre Manolo, por cada una de sus enseñanzas, su amor y su ejemplo. A mi madre Teresita, por enseñarme a compartir con generosidad el amor.

A mis hermanos y a toda mi familia, por la unión, el respeto y el amor que hay entre nosotros.

A mi adorada editora Marcela Riomalo, por estar nuevamente a mi lado de forma incondicional y amorosa, brindándome guía, apoyo y compañía.

Al doctor Santiago Rojas, por ser un faro de luz y amor en este plano terrenal.

A todos los lectores y creyentes de la técnica de reiki angelical, por permitir que los amorosos arcángeles entren en sus vidas para brindarles apoyo y amor. Por dejar que esta energía sutil y fantástica ilumine su viaje terrenal y los colme de éxito y abundancia.

CARTAS

Te invito a que recortes estas cinco cartas y las uses tal y como indico a lo largo de este libro.

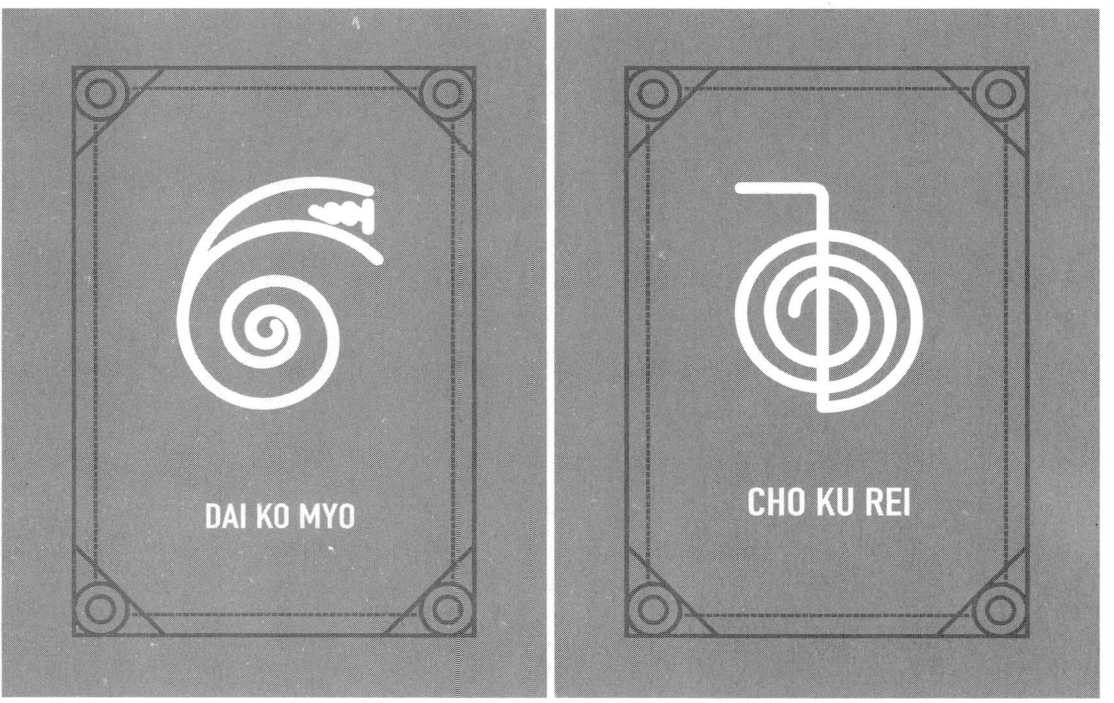
DAI KO MYO
CHO KU REI

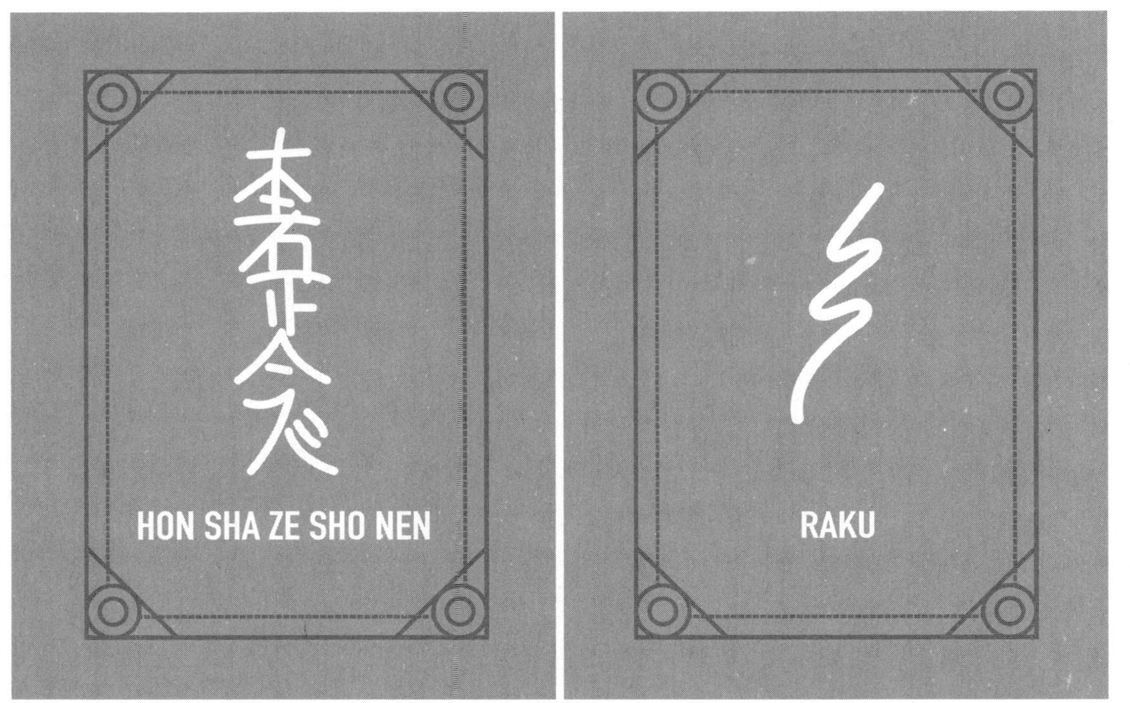
HON SHA ZE SHO NEN
RAKU

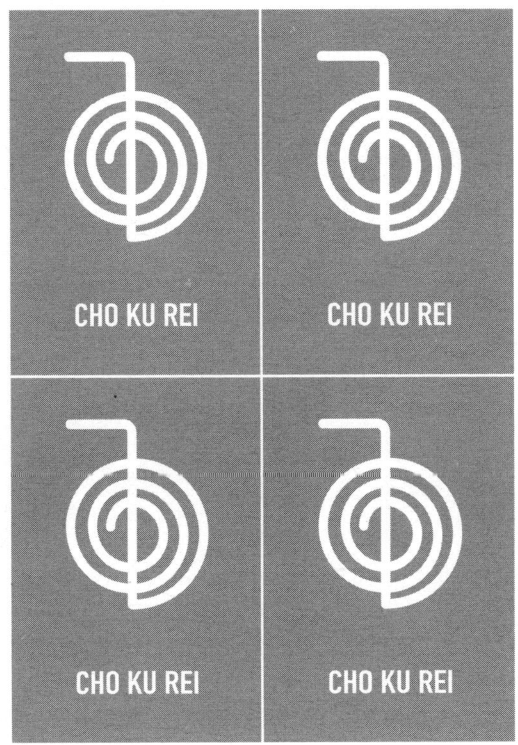
CHO KU REI
CHO KU REI
CHO KU REI
CHO KU REI

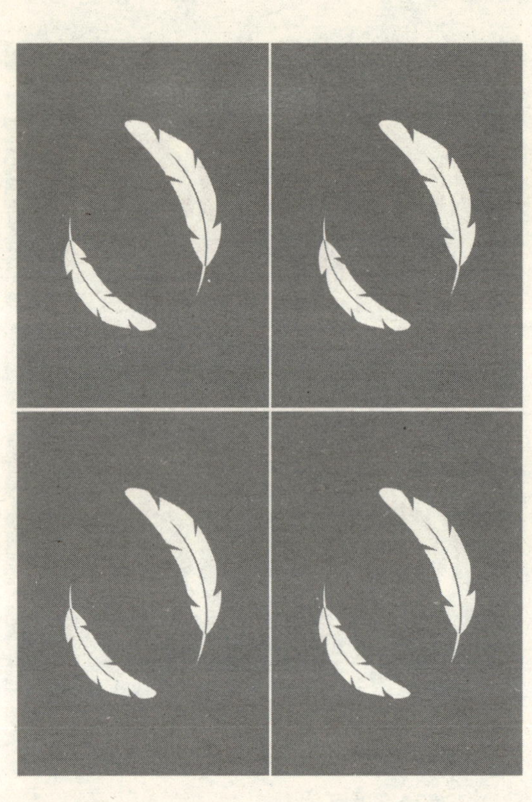